国家级职业教育创新创业教育教学资源库配套教材
高等职业教育创新创业系列教材

创业项目管理

主　编◎韩晓洁　周月容　吴　晓
副主编◎甘　星　王程程　侯　杰
参　编◎同婉婷　吴　维　王新涛　曾秀臻

机械工业出版社
CHINA MACHINE PRESS

本书是国家级职业教育创新创业教育教学资源库培训课"创业项目管理指南"配套教材。本书编者在项目管理课程不间断的授课实践中，反复比对企业样本和创业团队样本的差异，针对创业团队和创业项目的特点，对现有项目管理课程体系通过"做减法"，实现"去学科化"，删减了复杂的管理理论、复杂且使用频率极低的大型计量工具，去除了针对成熟企业和大型项目的相关内容；通过"做加法"，实现"工具化"，使教材内容满足创业项目的实际需求。

本书共包括七章，分别是创业项目管理概述、创业项目过程管理、创业项目范围管理、创业项目进度管理、创业项目质量管理、创业项目成本管理、创业项目风险管理。工具化是本书的最大亮点，书中核心内容都被分解为不同的项目管理工具，每项工具均配有详细的使用说明。

本书可作为高校创新创业学院的"项目管理"课程配套教材，也可以作为高校创业项目运营指导的配套教材，还可以作为创业项目团队初期的管理参考资料。读者可结合书中二维码数字资源的学习提升自己的创业项目管理能力。

本书配有电子课件，凡使用本书作为教材的教师可登录机械工业出版社教育服务网（www.cmpedu.com）下载。咨询电话：010-88379375。

图书在版编目（CIP）数据

创业项目管理／韩晓洁，周月容，吴晓主编. —北京：机械工业出版社，2022.5
高等职业教育创新创业系列教材
ISBN 978-7-111-70864-3

Ⅰ.①创… Ⅱ.①韩… ②周… ③吴… Ⅲ.①创业-项目管理-高等职业教育-教材 Ⅳ.①F241.4

中国版本图书馆 CIP 数据核字（2022）第 088072 号

机械工业出版社（北京市百万庄大街22号　邮政编码100037）
策划编辑：杨晓昱　　　　　责任编辑：杨晓昱
责任校对：炊小云　李　婷　封面设计：马精明
责任印制：任维东
北京圣夫亚美印刷有限公司印刷
2022年7月第1版·第1次印刷
254mm×180mm·12.5印张·309千字
标准书号：ISBN 978-7-111-70864-3
定价：46.00元

电话服务　　　　　　　　　网络服务
客服电话：010-88361066　　机　工　官　网：www.cmpbook.com
　　　　　010-88379833　　机　工　官　博：weibo.com/cmp1952
　　　　　010-68326294　　金　书　网：www.golden-book.com
封底无防伪标均为盗版　机工教育服务网：www.cmpedu.com

前　言

第四次工业革命搭载人工智能和大数据，融合新材料技术、分子工程、石墨烯、虚拟现实、量子信息技术、可控核聚变、清洁能源以及生物技术等新技术，以前所未有的速度改变着今天的世界。创业，成为大学生崭新的就业方式。

第四次工业革命也几乎打破了普通人和小团队的创业壁垒，云计算和大数据通过信息数据的共享，大大提高了创业团队的研发分析能力；3D打印等技术的应用在降低创业成本的同时加快了创业进程；全覆盖的共享经济为创业提供了获取资金、人才、资源的渠道；快速达成的国际共识和国内政策，使得创业成功的概率大大提升。

创业项目的管理方式与管理水平对创业项目能否成功至关重要！在已有的创业案例中，项目管理不当导致创业项目遭受损失或遭遇停滞的情形非常普遍。在大学生创业项目中，经常出现创业项目"零管理"的现象，使得原本具备良好创新因素的项目流产，让人痛心。如何量体裁衣并根据创业项目的需求进行有效对应，从而对创业团队，尤其是大学生创业团队起到实际的指导意义，已成为创业教育中一个不可回避的问题。

基于创业企业更接近"项目组"而非"企业"的特征，"项目管理"成为目标体系。而传统的项目管理体系来源于20世纪60年代，是从大型的工业工程管理及军事项目管理中总结出的一整套科学的方法体系。而现代创业企业既是独立的经济体，承担并享有企业法人的全部权利和义务，但又不具备传统意义上的完整的企业组织架构，往往一个企业就是一个项目组。因此传统项目管理体系并不适合被现代创业企业直接套用。

深圳职业技术学院在多年卓有成效的创新创业教育实践中，开发了"创业项目管理指南"课程，对现有企业管理各套理论体系进行筛选，总结出一套适合创业企业使用的项目管理工具，这套工具可以低成本快速运行并有效提高创业项目的管理效能，被看作"mini版项目管理"，也就是本书所呈现的"创业项目管理工具"。该课程已在国家级职业教育创新创业教育教学资源库上线，并被评为2022年广东省高校就业创业特色示范课程。

本书是融纸质教材与在线学习资源于一体的新形态教材，编写中突出了如下特点：

1. 全部核心内容工具化

工具化是本书的最大亮点。本书将全部核心内容分解为不同的项目管理工具，并配有详细的使用说明，分属于各章。

2. 多层次案例配合多元认知需求

基于"案例教学"的需求，本书中的案例包括"经典案例""创业案例""课堂案例"等不同类型，贯穿整个教学过程，对于学生理解掌握相关工具有不同的作用。

3. 模块设计贴合教学需求

从教学需求出发，每章都设计了"核心理念顺口溜"（总结每章核心理念）、"案例导入"（通过"经典案例"和"创业案例"导入本章知识）、"课堂练习卡"（以卡片形式及时提供课堂互动内容）、"思考与练习"（提供课后习题备选内容）。

将项目管理的体系应用于创业项目的管理实践中还处于探索阶段，限于编者水平，书中难免存在不足之处，恳请广大读者批评指正。编者信箱：hxj206@sohu.com。

韩晓洁

视频二维码索引

序号	名称	页码	二维码	序号	名称	页码	二维码
1	项目过程管理核心理念	020		7	项目进度管理核心理念	067	
2	摩托罗拉铱星项目案例分析	021		8	进度管理经典案例——中国某联合体承建非洲公路项目的案例分析	069	
3	多出来的1000元生活费	035		9	空客A380项目成本管理分析	127	
4	悉尼歌剧院案例中的成本估算分析	044		10	项目风险管理核心理念	157	
5	假设前提的确认——甘肃绿色药材项目	051		11	中国某公司实施伊朗大坝项目的成功案例	158	
6	项目名称的准确定位——无人云摄影项目	051					

文字二维码索引

序号	名称	页码	二维码	序号	名称	页码	二维码	序号	名称	页码	二维码
1	第1章课堂案例参考答案	009		6	第5章课堂案例参考答案	120		11	第7章中国某公司实施伊朗大坝项目的成功案例	158	
2	课堂练习卡2-3学生优秀作业（1）	034		7	课堂练习卡6-1点评要点	130		12	第7章创业案例参考答案	159	
3	课堂练习卡2-3学生优秀作业（2）	034		8	第6章课堂案例参考答案	140		13	课堂练习卡7-3参考答案	181	
4	课堂练习卡2-3学生优秀作业（3）	034		9	课堂练习卡6-2参考答案	151					
5	第3章问答题学生优秀作业	064		10	第6章问答题参考答案	154					

目 录

前　言
视频二维码索引
文字二维码索引

第1章　创业项目管理概述 // 001

1.1　案例导入 // 002
1.2　项目与创业项目 // 004
1.2.1　课堂练习卡1-1：判断以下哪些事项属于"项目" // 004
1.2.2　项目的内涵 // 005
1.2.3　项目的特征 // 006
1.2.4　工具TC01：创业项目典型特征自我对照表 // 007

1.3　项目管理 // 010
1.3.1　项目管理的发展历程 // 010
1.3.2　项目管理的内涵 // 011
1.3.3　课堂练习卡1-2：项目管理和企业日常管理的区别 // 013

1.4　创业项目管理 // 013
1.4.1　创业项目管理的核心内容 // 013
1.4.2　工具TC02：创业项目阶段性问题列表 // 014
1.4.3　工具TC03：创业项目管理"避雷针" // 016

1.5　思考与练习 // 017
1.5.1　问答题 // 017
1.5.2　客观题 // 018

第 2 章　创业项目过程管理　// 020

2.1　案例导入　// 021
2.2　创业项目阶段划分　// 023
2.2.1　课堂练习卡 2-1：做好你的生命规划　// 023
2.2.2　创业项目的四个基础阶段　// 025
2.2.3　创业项目各阶段的工作重点　// 026
2.2.4　工具 TC04：创业项目阶段划分时间轴　// 027

2.3　创业项目里程碑　// 028
2.3.1　创业项目里程碑的设定　// 030
2.3.2　课堂练习卡 2-2：创意文具项目里程碑事件　// 031
2.3.3　工具 TC05：项目里程碑的设定步骤　// 033
2.3.4　课堂练习卡 2-3：你的婚礼，你做主！　// 034

2.4　创业项目可行性分析　// 035
2.4.1　课堂练习卡 2-4：多出来的 1000 元生活费　// 035
2.4.2　创业者动机分析　// 036
2.4.3　工具 TC06：创业项目可行性分析自测表　// 036
2.4.4　投资者评估创业项目的标准　// 039

2.5　思考与练习　// 040
2.5.1　问答题　// 040
2.5.2　客观题　// 041

第 3 章　创业项目范围管理　// 043

3.1　案例导入　// 044
3.2　项目范围　// 046
3.2.1　课堂练习卡 3-1：项目范围相关表述解读对错判断　// 046
3.2.2　项目范围管理的内容　// 048
3.2.3　项目范围管理的作用与目标　// 050

3.3　创业项目范围说明书　// 050
3.3.1　项目范围说明书的主要内容　// 050
3.3.2　工具 TC07：创业项目范围说明书模板　// 051

3.4　创业项目工作分解结构表（WBS）　// 053
3.4.1　项目工作分解结构表（WBS）的作用　// 054
3.4.2　工具 TC08：项目工作分解结构表（WBS）可以解决的问题列表　// 055
3.4.3　项目工作分解结构表（WBS）的分解维度　// 055

3.4.4 项目工作分解结构表（WBS）的分解规则　// 057

3.4.5 工具TC09：项目工作分解结构表（WBS）的分解步骤　// 058

3.4.6 项目工作分解结构表（WBS）的工作包　// 060

3.4.7 工具TC10：项目工作分解结构表（WBS）是否恰当的判断标准　// 062

3.4.8 项目工作分解结构表（WBS）的推荐工具　// 062

3.5 思考与练习　// 064

3.5.1 问答题　// 064

3.5.2 客观题　// 065

第4章 创业项目进度管理 // 067

4.1 案例导入　// 068

4.2 项目进度管理　// 070

4.2.1 课堂练习卡4-1：泡茶的流程　// 071

4.2.2 项目进度管理的主要内容　// 071

4.2.3 项目进度管理与质量管理、成本管理的关系　// 073

4.3 工具TC11：工作排序与优先象限管理　// 074

4.3.1 项目工作的排序依据　// 074

4.3.2 优先象限管理工具　// 075

4.3.3 课堂练习卡4-2：使用优先象限管理工具对时间进行归类　// 076

4.4 工具TC12：单代号网络图　// 077

4.4.1 网络图　// 077

4.4.2 单代号网络图法　// 077

4.4.3 单代号网络图的绘制方法与规则　// 078

4.4.4 课堂练习卡4-3：绘制单代号网络图　// 079

4.5 工具TC13：双代号网络图　// 080

4.5.1 双代号网络图三要素　// 080

4.5.2 双代号网络图的逻辑关系表示　// 083

4.5.3 双代号网络图的绘制步骤　// 086

4.5.4 课堂练习卡4-4、4-5、4-6：绘制双代号网络图　// 087

4.5.5 双代号网络图时间参数的计算　// 088

4.6 工具TC14：甘特图　// 092

4.6.1 甘特图在创业项目管理中的应用　// 092

4.6.2 甘特图的绘制步骤　// 094

4.6.3 旧木板房刷漆项目　// 096

4.7 思考与练习 // 098
4.7.1 问答题 // 098
4.7.2 客观题 // 100

第 5 章 创业项目质量管理 // 102

5.1 案例导入 // 103

5.2 项目质量管理的内涵 // 105
5.2.1 质量的内涵 // 105
5.2.2 项目质量管理 // 106
5.2.3 项目质量管理的四大核心理念 // 107
5.2.4 工具TC15：影响项目质量管理的因素 // 108
5.2.5 课堂练习卡5-1：影响项目质量管理因素评估表 // 109

5.3 工具TC16：PDCA循环法 // 111
5.3.1 PDCA循环法的内涵 // 111
5.3.2 PDCA循环法的使用步骤 // 112
5.3.3 课堂练习卡5-2：创业项目PDCA循环工具表 // 113

5.4 工具TC17：样板参照法 // 114
5.4.1 样板参照法的内涵 // 114
5.4.2 样板参照法的使用步骤 // 115

5.5 工具TC18：成本/收益分析法 // 116

5.6 工具TC19：控制图法 // 118
5.6.1 控制图法的"七点规则" // 118
5.6.2 控制图法的应用步骤 // 119
5.6.3 随机抽样法 // 120

5.7 工具TC20：因果图法 // 121
5.7.1 创业项目因果图模板 // 121
5.7.2 创业项目使用因果图的注意事项 // 122

5.8 思考与练习 // 123
5.8.1 问答题 // 123
5.8.2 客观题 // 123

第 6 章 创业项目成本管理 // 126

6.1 案例导入 // 127

6.2 项目成本管理 // 130
6.2.1 课堂练习卡6-1：管理生活费 // 130
6.2.2 项目管理"铁三角"：成本、质量与进度管理 // 131

6.2.3 项目成本管理流程 // 131

6.3 项目资源计划 // 133
6.3.1 项目资源计划的制订依据 // 134
6.3.2 工具TC21：项目资源计划输出成果 // 135

6.4 项目成本估算 // 139
6.4.1 工具TC22：类比估算法 // 139
6.4.2 工具TC23：工料清单法 // 140

6.5 项目成本预算 // 142
6.5.1 项目成本预算的基本原则 // 143
6.5.2 工具TC24：项目成本预算步骤 // 143
6.5.3 项目基准成本 // 144

6.6 工具TC25：挣值法 // 148
6.6.1 项目成本控制 // 148
6.6.2 挣值法基本参数 // 148
6.6.3 课堂练习卡6-2：挣值法偏差计算 // 150
6.6.4 挣值法偏差分析及对应参考措施 // 152

6.7 思考与练习 // 153
6.7.1 问答题 // 153
6.7.2 客观题 // 155

第7章 创业项目风险管理 // 157

7.1 案例导入 // 158

7.2 项目风险 // 160
7.2.1 风险与不确定性 // 160
7.2.2 战略风险 // 161
7.2.3 市场风险 // 162
7.2.4 财务风险 // 163
7.2.5 运营风险 // 164
7.2.6 法律风险 // 165

7.3 项目风险管理与流程 // 166
7.3.1 项目风险管理 // 166
7.3.2 项目风险管理流程 // 166
7.3.3 课堂练习卡7-1：创业项目风险管理"五问""五答" // 167

7.4 项目风险识别 // 169
7.4.1 项目风险识别是风险管理的第一步 // 169
7.4.2 工具TC26：收集表法 // 170
7.4.3 课堂练习卡7-2：项目风险收集表示例 // 171

7.4.4　工具 TC27：SWOT 分析法　　// 172

7.5　项目风险评估　　// 173
7.5.1　项目风险评估的两个部分　　// 173
7.5.2　工具 TC28：主观分级评价法　　// 174
7.5.3　工具 TC29：象限定性估计法　　// 175

7.6　工具 TC30：项目风险应对策略　　// 176
7.6.1　风险规避　　// 177
7.6.2　风险转移　　// 178
7.6.3　风险控制　　// 179
7.6.4　风险承担　　// 180
7.6.5　课堂练习卡 7-3：大学生创业项目"撸猫吧"风险分析　　// 181

7.7　思考与练习　　// 183
7.7.1　问答题　　// 183
7.7.2　客观题　　// 183

附　录　PMP 认证项目管理考试简介　　// 185

参考文献　　// 187

第1章
创业项目管理概述

 核心理念顺口溜

创业项目底子薄风险高，目标艰巨前程远大，
需要管理高效简便，先求生存再谋发展，
项目管理化繁为简，"一横六纵"疏而不漏，
标准化管理让项目没惊喜也没惊吓，
流程化管理实现项目资源的高效配置，
格式化管理精准匹配责权利，
明白道理学会用工具，避开"雷区"好做事。

1.1 案例导入

经典案例 现代项目管理工具助力"阿波罗"登月成功

项目管理作为管理工具,名声大噪始于20世纪60年代NASA(美国国家航空航天局)主持下的"阿波罗登月计划"。"阿波罗"不只是一项孤立的计划,它是一系列任务的总称。从1968年开始,美国肯尼迪航天中心采用流水线作业,任何时候至少都有三项任务在同时开展,如:一枚或两枚"土星5"火箭在垂直总装厂房进行组装和测试;一枚"土星5"火箭的各子级在低顶区进行检测;至少一次任务的指令舱/服务舱、登月舱在载人航天器操作厂房进行组装和测试;另一次任务的指令舱/服务舱、登月舱在载人航天器操作厂房或垂直总装厂房检测。换句话说,哪怕最近要发射的是"阿波罗9",但"阿波罗10"和"阿波罗11"也在紧张的准备之中,所有工作必须相互协调,不能出任何差错。而当时的计算机水平乃至整体科技水平,都无法和今天的科技相比,要完成如此宏伟的系列计划,NASA是怎么管理这一切的呢?产生神奇作用的就是现代项目管理的系列工具,如PERT图(见图1-1)。

点评 在"阿波罗"计划中发挥巨大作用的就是项目管理系列工具。这些工具随后被军事工业、商业项目广泛效仿,其工作效能均得以提升。如今项目管理理论已经形成了科学的体系,作为全社会广泛应用的管理工具,在各行各业中发挥着重要的作用。本书探讨在创业初期的项目管理中,如何简便高效地推进项目,助力创业团队走好第一步。

图1-1 NASA 4号发射控制室的巨型PERT图
来源:NASA网站

创业案例 "照抄作业"给 A 企业带来的损失

　　A 企业是以刚毕业的四个大学生张一、王二、李三、赵四为核心的科技公司，主要业务是做电商的配套服务，包括店铺装修、软硬件支持、店铺推广等业务，四人持股比例分别为 40%、30%、20%、10%，持股最多的张一出任法人代表，担任总经理。四人是大学同学，在大学期间就已经进行了前期的技术实践和市场调研，通过学校的孵化器进行了初期的经营，在同期的学生创业项目中是佼佼者，因此毕业后四人信心满满地投入到企业经营中。

　　离开校园后的 A 企业面临更大的市场，希望能够通过融资扩大公司规模，提高处理业务的数量和质量，于是开始接触金融市场，寻找合适的投资人。张一提出，应该以行业内的标杆企业 B 企业为模板，按照完整的现代企业管理体制，打造 A 企业的管理体制，张一认为只有高起点的企业管理模型才能为企业的可持续发展带来生机。这一观点得到了李三和赵四的赞同，可是王二持不同意见，他认为企业刚起步，建完整的管理机制没必要，而且成本过高。但是一比三，王二的意见被否决了。此后，按照 B 企业的模板，A 企业开始大量招聘员工，建立起了包括总裁办、财务部、人力资源部、技术部、市场部、保障部等在内的共计 11 个部门，每月人工成本增加了 200%，包括房租在内的办公成本则增加了 500%。随之，新团队的磨合需要大量的内部、外部培训，管理层级的增加导致了决策速度的降低，同时业务量和企业收益没有出现明显的增幅……一系列原因导致 A 企业出现了自成立以来的第一次赤字危机，融资需要尽快完成。

　　但 A 企业在融资路演中不断被质疑的是企业臃肿的结构和入不敷出的亏损状态，在历经二个月的努力后，融资以失败告终。而此时的 A 企业面临巨大的危机：王二提出转让个人股权，离开企业；企业账面赤字严重，各种类型债务的总和已经超过了企业资产总额；同类竞争企业发展迅速，市场竞争加剧。经过艰难的决定，A 企业决定：①裁员 70%，只留下核心业务人员；②总经理改由王二担任；③暂缓融资计划，重点工作调整为短期内迅速提高市场占有份额；④企业内部管理参照项目管理方式进行。

讨论　A 企业"照抄作业"错在哪里？

1）参照企业选择错误，因为两者发展阶段不一样。
2）管理模式选择错误，应采用项目管理方式。
3）融资策略错误，应突出企业特色，保持良好的账面盈余。
4）成本管理错误，初创企业应量入为出，控制风险。

1.2 项目与创业项目

1.2.1 课堂练习卡 1-1：判断以下哪些事项属于"项目"

请判断课堂练习卡 1-1 中的哪些事项属于"项目"。

课堂练习卡 1-1 判断以下事项哪些属于"项目"

序号	事项	判断（是/否）	序号	事项	判断（是/否）
1	建立高效优质服务体系		8	逛街购物	
2	为客户开发新的安防系统		9	做一碗红烧肉	
3	某大楼基础建设工作		10	项目路演	
4	年度订单谈判		11	武松打虎	
5	研究院研发一种新型的药物		12	刘姥姥进大观园	
6	校运动会		13	唐僧师徒西天取经	
7	生日聚会		14	草船借箭	

 练习卡分析要点

1）除了"武松打虎"属于突发事件外，其他各项都有可能作为项目来进行管理。

2）项目广泛存在于我们的生活和工作中，很多事件都有可能具备项目的特征，如"做一碗红烧肉"，可以针对性地使用项目管理的方法进行。

3）项目本身没有界限，是通过相关特征进行界定的，而且项目往往存在多层级，项目下有子项目，如"项目路演"就是大项目中的子项目。

4）项目管理是一种方法论，是一种采用精准的逻辑思维对任务进行科学统一管理的方法，追求统筹高效，不能只是教条地使用相关工具。

5）项目管理中的"项目"概念和生活中根据个人理解随意使用的"项目"概念是有所区别的，易混的包括"团队""企业""任务""案例"等。

6）创业团队往往会用"项目"来涵盖"团队"和"组织"，这是因为创业初期的项目外延可以完全覆盖团队和组织的外延。

1.2.2 项目的内涵

项目无处不在，工作和生活中的很多任务均可以通过项目管理的方式提高效率。关于"项目"的内涵和外延，不同学者从不同角度做出了不同的定义，不同的机构也做出了各自的定义，如图1-2所示。

本书认为：项目是为完成特定任务，在有限资源的约束下所进行的结果不确定的具备独特性的活动。

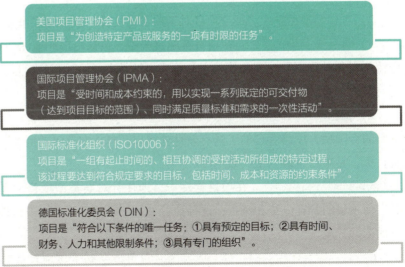

图1-2 不同机构对项目的内涵界定

1.2.3 项目的特征

在对于项目内涵的界定中，存在很多共同性，我们将这些获得普遍认可的项目的内涵特征总结出来，以加深对于"项目"的理解与认知。以资源的有限性为例，如某大学生对于每学期的个人学习生活支出是没有计划且不受资源限制的，生活费没有了就随时找父母支取，不设上限，那他的学期生活就无法作为项目进行管理。已经形成共识的项目特征包括：过程性、目的性、不确定性、资源有限性、独特性、组织的临时性等，如图1-3所示。

1）项目具有过程性。项目是由一系列项目阶段、项目工作包和项目活动所构成的完整过程，在其中通过计划、组织、实施、控制和决策实现项目目标。

2）项目具有目的性。每个项目对于项目的交付成果、总工作量、质量、时间、空间、各类资源消耗总量，都有明确的目标。

3）项目具有不确定性。在项目实施过程中，包括内部环境和外部环境的各类因素不断在变化，导致项目计划要不断随之调整以使项目的进程不断达到最佳状态。不确定性带来了一系列的项目风险，对风险的有效管理是项目管理中的重要部分。

4）项目具有资源有限性。正是由于包括人力、材料、设备、资金、时间等资源的有限性，项目管理的工具有效性才得以凸显。在有限的资源限制下达成项目目标，是项目管理的最大效用。

5）项目具有独特性。在项目管理中，即使针对同类型项目，也不能完全复制之前项目的管理方法和流程，这种独特性增加了项目管理对于管理人员管理水平的依赖程度。

6）项目具有组织的临时性。项目团队很可能是基于该项目临时从各部门抽调出来的，在项目进行过程中，人员及其职责会不断调整。在创业初期的项目管

图1-3　项目特征示意图

理中,这一特性体现得更为淋漓尽致,由此带来的一系列团队管理的问题,也是项目管理中不可回避的问题。

1.2.4 工具TC01:创业项目典型特征自我对照表

创业项目一般都具有规模较小、竞争性差、组织体系不健全等不利因素,但同时也具备成熟企业内项目所不具备的一系列优秀基因(见图1-4)。辩证地看待创业项目特征,正确分析其优劣势,才能选择更恰当的管理方式,为达成项目目标保驾护航。

1. 生存危机下的生机勃勃

创业项目的首要任务是"活下来",让自己的产品或服务被市场接受,同时,能够获得收益,保证企业的持续经营,随后才能考虑发展。因此,在创业阶段,应始终将"生存"放在第一位,一切行为都要围绕生存而运作,一切危及生存的做法都必须予以避免。不可以空谈理想,忽略生存要务,否则,"皮之不存,毛将焉附";也不可以墨守成规、畏首畏尾。在巨大压力下的创业项目,承载着初创团队的理想和激情,也往往会激发出巨大的潜能,产生许多创新的想法,从而生机勃勃。

2. 自有资金下的现金流自由

创业项目的启动资金基本上以创始人的自有资金为主,这决定了创业项目资金量不会太大,在一定程度上限制了创业项目的初始规模;同时使得项目的现金流状况良好,秉持"量入为出"的原则,不会产生过大的资金和债务压力,这为企业生存提供了基本保障。

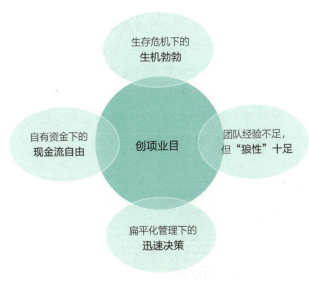

图1-4 创业项目典型特征示意图

3. 团队经验不足,但"狼性"十足

创业项目团队从各方面表现出的经验不足是他们所面临的巨大风险,但同时要关注的是,以创始人团队为核心形成的创业项目团队,在统一目标的指引下,呈现出一种奇特的"无序中的有序状态",即团队内部充分信任,普遍存在奉献精神,不会计较利益得失、也不会计较权力大小、更不会将职责划分得一清二楚,相互之间只有角色之分,没有职位区别,这使得项目团队极具凝聚力。同时,创业项目团队对外展示出典型的"狼性"特征,即出色的个体战斗能力、良好的团队合作精神、强大的抗压能力、敏锐的嗅觉和感知力,以及顽强的生存能力。

4. 扁平化管理下的迅速决策

在创业项目中,创业者通常都会亲自参与或者体验各个流程的工作,例如策划新产品方案,直接向客户推销产品,与供应商谈判价格折扣、送货、跑银行、催账,甚至被顾客当面训斥,等等。这种普遍存在的"亲力亲为"的状况,使得创业项目的管理呈现出不同于成熟企业管理的扁平化状态,也正是因为创业者对经营全过程的细节了如指掌,使得项目内部沟通流畅高效,项目决策迅速,这为创业项目抓住机遇快速发展提供了可能性。

在详细了解了创业项目的典型特征后,请对照你所参与或了解的创业项目实际情形,试着用关键词描述相关项目特征,如"热情高涨""互相信任"等,完成表1-1。

表1-1 创业项目典型特征自我对照表

典型特征	自我对照	备注
生存危机下的**生机勃勃**		
自有资金下的**现金流自由**		
团队经验不足,但"**狼性**"十足		
扁平化管理下的**迅速决策**		
其他		

课堂案例 创业初期的雷军和"小米"

请根据所掌握的关于雷军和"小米"的资料，填补本案例中所有空白。

雷军和他所创办的小米科技，在今天的中国互联网经济中，都是让人无法忽略的存在。在"小米"不断拔高大家对于互联网企业预期的时候，再回首，看看创业初期的雷军，去追踪"小米"的诞生轨迹，或许会对众多创业者有所启发。

雷军毕业于_____，第一次创业经历是创办了_____，产品是一种仿制金山汉卡，可是随后他们的产品被盗版，公司艰难经营半年以后决定解散。清点公司资产时，雷军分到了一台286电脑和打印机。1991年，雷军入职_____，1992年，雷军加盟_____，成为第6名员工。在其中工作了整整16年，在完成IPO上市工作两个月之后，2007年12月20日下午，雷军以健康原因辞去总裁与CEO职务。2010年4月，雷军与原Google中国工程研究院副院长林斌、原摩托罗拉北京研发中心高级总监周光平、原北京科技大学工业设计系主任刘德、原金山词霸总经理黎万强、原微软中国工程院开发总监黄江吉和原Google中国高级产品经理洪锋6人，联合创办小米科技，_____是小米科技的三大核心产品。_____，小米在中国香港主板上市，市值超过520亿美元。历时10年，小米发展成为_____万人的世界五百强上市公司，也成了创业者心目中的一座灯塔。

雷军和他的创业经历对你有哪些启发与触动？

第1章课堂
案例参考答案

1.3 项目管理

1.3.1 项目管理的发展历程

项目管理的历史可以追溯到几千年前，古埃及的金字塔、古罗马的尼古水道、中国的万里长城和都江堰，这些辉煌的工程都是大型项目管理的卓越成就。现代项目管理是在20世纪60年代以后发展起来的，大致经历了如下四个阶段。

第一阶段：1960年以前。项目管理最早出现于20世纪30年代的美国，是伴随大型建设工程的需要逐渐发展起来的，包括20世纪40年代的"曼哈顿计划"、50年代后期关键路线法（CPM）和计划评审技术（PERT）的应用等。该阶段的项目管理主要关注按计划进行管理，以及工期、成本。

第二阶段：1960—1985年。在这个阶段，项目管理被广泛应用于航空航天、国防工程、建筑工程、科学研究和生产实践中，受到了人们极大的重视。20世纪60年代美国阿波罗登月计划首次全面系统地运用项目管理的方法进行大规模项目的实际操作，初步确立了项目管理的科学地位。随后，项目管理逐步从一些大型的工业工程管理及军事方面的应用向民营企业转移推广，应用范围逐步扩大，现代项目管理的框架初步形成。

第三阶段：1985—1995年。随着现代科学技术的飞速发展，在管理科学领域内部出现了知识结构重组和一些新的内部核心知识，项目管理以其"清新"的面目脱颖而出，成为现代企业、政府部门和各类组织的最新管理模式，并被各行各业广泛应用，项目管理也成了一个热门的行业和职业。

第四阶段：1996年至今。在这个阶段项目管理更加注重"人"的因素，其应用领域进一步扩大，尤其是在新兴产业中得到了迅速发展，譬如电信、软件、信息、金融、医药等。项目管理在非传统项目环境下取得了巨大成功。

项目管理在我国从20世纪60年代开始，以华罗庚教授将网络计划技术引入我国为开端，逐渐被广泛认识和接受，经历了20世纪80年代在建筑业和国防业的推广，又经历了20世纪90年代的专业化培训管理，进入21世纪后，项目管理在我国得到了进一步的发展和应用,许多行业纷纷成立了项目管理组织,如中国建筑业协会工程项目管理专业委员会,这些都是项目管理学科在我国得到应用与发展的体现。图1-5展示了项目管理在我国的发展历程。

1.3.2 项目管理的内涵

项目管理是运用各种知识、技能、方法与工具,为满足或超越项目有关各方对项目的要求与期望所开展的各种计划、组织、领导和控制等方面的活动。做项目管理的人就是项目的管理者,要在有限的资源约束下,运用系统的观点、方法和理论,对项目涉及的全部工作进行有效的管理。项目管理要求在项目开始前就做好全局性安排,可以预知项目过程,对项目结果有准确的预测,因此好的项目管理就是"没有意外,没有风险(No Surprise,No Risk)"。

20世纪60年代初期	华罗庚教授将网络计划技术引入我国,称为"统筹法"
1965年	《人民日报》发表了华罗庚的统筹方法,这标志着我国项目管理学科的起源
20世纪80年代	我国项目管理有了科学的系统方法,但主要应用范围仅在建筑业和国防,主要管理要素是进度、成本和质量三个方面
1987年	原国家计划委员会、建设部等有关部门联合通知,在一批试点企业和建筑单位中要求采用项目管理施工方法,并开始建立我国的项目经理认证制度
20世纪90年代	进行了项目管理的组织、制度、培训、普及工作
进入21世纪	现代项目管理在我国得到了进一步的发展和应用,许多行业纷纷成立了项目管理组织

图1-5 项目管理在我国的发展历程图示

项目管理是一门科学,因为它以各种图表、数值以及客观事实为依据,来分析问题并解决问题。它又是一门艺术,因为它受经济发展、人际关系、组织行为等因素的制约,相互沟通、协商谈判、解决冲突等工作对管理者提出很高的要求。

大多数项目管理工作涉及一些相同的活动，其中包括将项目分割成便于管理的多个任务、子任务，在小组中交流信息以及追踪任务的工作进展。因此，项目管理的基本原则和工具是可以复制的，适用于大多数项目，这也正是研究和学习项目管理的意义。

项目管理的精髓是实现项目管理的标准化、流程化、格式化（见图1-6）。

项目管理的标准化，要求管理把握尺度，强调规范。在现代经济中，标准化是一切规模化的前提条件，全球认证的ISO质量体系本身就是标准化的成果；福特汽车第一条自动化生产流水线源于各部位生产的标准化；PC产业能够在全球经济中迅速崛起，就是依靠标准化迅速激活整个产业链；跨国公司之所以能够实现全球化服务，核心秘密之一就是具有高度生成和复制内部标准化的能力，包括工艺标准化、流程标准化、作业标准化、工作术语标准化，甚至办公陈设标准化，把企业员工的行为和意识都通过标准化的方式统一起来，从而提高企业效能和行业竞争力。

项目管理的流程化，强调逻辑思路，讲究管理次序。如果把标准作为一个点，那么流程就是一根线，好的项目管理就是通过各种整合，把流程尽量做得短而有效，这是现代管理中着重强调的一点，也是项目管理中的一个核心理念，大到企业战略，如IBM卖掉个人PC业务就是缩短流程，集中优势资源做好核心业务，具体到任何一个项目管理，都要通过流程优化，充分发挥现有资源的优势，聚焦并放大项目成果，使其产生最大化效益。

项目管理的格式化，核心就是分工明确，责任到人。这是在遵守流程化和标准化的前提下，在工业经济全面超越并取代农业（手工业）的基础上，提升效率的必由之路。项目管理者的重要任务之一就是要编织一个像网格一般的有机体，参与项目的所有人员通过网格进行分工，将项目包含的所有任务分配到每个网格，而每个网格的守护者在拥有了任务自主权的同时，也承担了相应的明确责任，从而实现了"责权利"三者的有机统一。

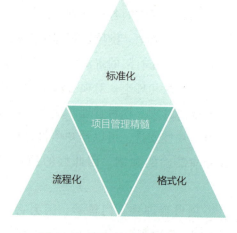

图1-6 项目管理精髓示意图

1.3.3　课堂练习卡 1-2：项目管理和企业日常管理的区别

请将项目管理和企业日常管理的区别填入课堂练习卡 1-2。

课堂练习卡 1-2　项目管理和企业日常管理的区别

区别项	项目管理	企业日常管理	区别项	项目管理	企业日常管理
责任人			持续性		
目的			管理环境		
时间			参与人		
特征			考核指标		

1.4　创业项目管理

1.4.1　创业项目管理的核心内容

基于创业项目的特征，为了更好地满足创业项目管理的独特需求，本书在已有项目管理的学科基础上进行重构，精简对于创业项目"大而不当"的部分，保留提炼高效贴切的管理要素，最大可能地去学科化，实现管理方法的"全流程""工具化"。

创业项目管理中核心的内容是"一横六纵"。"一横"是指对项目管理的内涵、特征或创业项目的典型特征做到深入理解;"六纵"包括创业项目的范围管理、过程管理、成本管理、质量管理、进度管理和风险管理六条主线,在执行中,六条管理主线是交错在一起进行的,没有清晰的界限,六条主线各自实现项目管理的不同目标(具体内容见图1-7),从不同维度管理创业项目,推动项目健康发展,促成项目目标的实现。

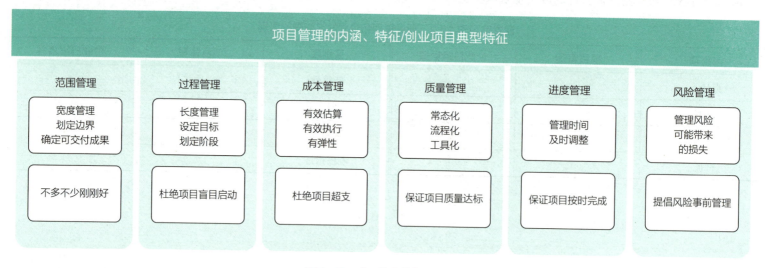

图1-7 "一横六纵"示意图

1.4.2 工具TC02:创业项目阶段性问题列表

请将创业项目阶段性问题填入表1-2。

表 1-2 创业项目阶段性问题列表

日期：		参与讨论人：		记录人：			
序号	问题陈述 （记录原始表达）	问题提出人 （标注提出人的状态，如平静、生气、激动、兴奋等）	原因分析	备选解决方案	最终解决方案	复盘反思
1						
2						
3						
4						
5						
6						

工具说明：

1) 项目开始前至少使用一次该工具，项目开始后根据实际情况，一定周期内循环使用该工具。建议一般创业项目使用该工具的频率不少于每月一次。
2) 该表格应由项目核心团队共同商议完成。
3) 每次开始前，应完成上次表格中的最后一项"复盘反思"，记录采用最终解决方案的成效。
4) 每次完成的表格作为项目文档，归档保存。

1.4.3 工具TC03：创业项目管理"避雷针"

在创业项目管理过程中，一些反复出现的错误被称作创业项目管理"雷区"。为什么创业项目一再踏入这些"雷区"，不断重复其他创业者已经犯过的错误？这是因为创业项目、创业者之间具备很多共同特质，如经验不足、一腔热血、团队不成熟、理想太丰满、过于自信、抗风险能力差，等等。在高频引爆的"雷区"，我们发现这些"雷人雷语"（见表1-3）具有惊人的相似，了解这些个人特质与语言特征，就好比给项目管理插上了一根"避雷针"，时刻提醒创业项目团队避开"雷区"，保证项目顺利实施。

表1-3 创业项目"雷人雷语"识别（1）

"雷人雷语"高辨识特征	"我是负责人，我说了算"	"我们的项目是前所未有的……"	"项目盈利，我们就会赚一大笔钱"	"这个风险不可能出现……"	"要全面规范项目所有管理环节"	"实现盈利就证明创业成功"
可能引入的"雷区"	决策错误	战略错误	分配错误	风险管理失误	增加管理成本	发展战略错误
管理错误分析	项目负责人/公司老板不代表可以随心所欲，任意决策	由于对产业和市场缺乏了解，才会无根据盲目自信	即使项目盈利，创业项目的盈利更多用于再投入，而非个人分配	风险的判断从来都不能根据主观判断进行	创业项目的管理规范是逐步实现的，和项目成熟程度、资源充足程度相匹配，不能一蹴而就	项目阶段性盈利不一定能保证项目最终目标的实现，大部分项目在这两个方面对应不同要求
"避雷"建议	明确分工，确定项目内决策机制	项目立项前尽最大可能进行详尽的市场调研，必要时可以寻求专业机构协助	项目开始前做好分配方案，参考"二八法则"对盈利进行分配	应进行项目风险的识别，布置完善的事前防范机制	应在过程管理中，根据需要分配有效资源到项目的各个管理环节	应在范围管理中对项目目标进行清晰界定
"踩雷"概率	频繁	偶尔	经常	经常	少见	偶尔

1.5 思考与练习

1.5.1 问答题

1. 成熟期的企业是否也会采用项目管理方式？请举例说明。
2. 项目的特征有哪些？
3. 创业项目的特征有哪些？
4. 试用现代项目管理理念分析《西游记》中"唐僧西天取经"的故事、《红楼梦》中"刘姥姥初进大观园"的故事、《三国演义》中"草船借箭"的故事。
5. 项目管理和企业管理相比较，为什么项目管理更适合于初创企业？
6. 试着总结你所参与的项目中曾经出现的错误，填在表1-4中。

表1-4 创业项目"雷人雷语"识别（2）

"雷人雷语"高辨识特征			
可能引入的"雷区"			
管理错误分析			
"避雷"建议			
"踩雷"概率			

1.5.2 客观题

1. 以下哪些选项不属于"项目"特征？
   A. 资源有限性　　B. 独特性　　C. 组织稳定性　　D. 目的性　　E. 过程性　　F. 结果不确定性

2. 以下哪项不是"项目"？
   A.《西游记》中"唐僧西天取经"　　　　　　B.《三国演义》中"草船借箭"
   C.《红楼梦》中"刘姥姥进大观园"　　　　　D.《水浒传》中"武松打虎"

3. 创业企业需要的管理工具应具备哪些特点？
   A. 使用便捷高效　　B. 低成本　　C. 规模化　　D. 低风险

4. 项目管理与日常部门管理的关系陈述正确的是哪项？
   A. 部门经理不可能是项目经理　　　　　　　B. 部门管理的方法可以用于项目管理
   C. 项目的考核指标和牵头负责的部门考核指标一致　　D. 日常部门管理要求比项目管理高

5. 创业项目典型特征有哪些？
   A. 生存危机下的创业项目生机勃勃　　　　　B. 自有资金为主的创业项目现金流充足自由
   C. 经验不足的创业项目团队"狼性"十足　　D. "亲力亲为"的扁平化管理使得创业项目决策迅速

6. 第一届 PMP 考试于＿＿＿＿年在＿＿＿＿国举行？
   A. 1964 年，美国　　B. 1984 年，美国　　C. 1974 年，德国　　D. 1984 年，德国

7. 项目管理的精髓是什么？
   A. 标准化　　B. 格式化　　C. 流程化　　D. 组织化

8 项目管理和部门管理的责任人是否会重合?
   A. 有可能重合　　　　　B. 不可能重合　　　　　C. 一定重合　　　　　D. 以上都不对
9 项目盈利都可以拿来作为收入分配给团队成员吗?
   A. 可以　　　　　　　　B. 不可以　　　　　　　C. 一般情况下不可以　　D. 以上都不对
10 创业项目管理内容中"一横六纵"不包括以下哪项?
   A. 资源管理　　　　　　B. 进度管理　　　　　　C. 风险管理　　　　　　D. 过程管理

参考答案

1	2	3	4	5	6	7	8	9	10
C	D	ABD	B	ABCD	B	ABC	A	C	A

第 2 章
创业项目过程管理

核心理念顺口溜

项目开始必须做到心中有数,分阶段管理是科学有效的管理方法,
可行性分析对项目决策很重要,启动阶段就要认真做,
里程碑事件让项目管理保持良好节奏,时刻关注不放松,
"项目就像我的孩子",这话不要只说,要真的当孩子养,
孩子经历出生—成长—衰弱—死亡,这是自然规律,
项目最少包括启动—计划—实施—收尾四个阶段,
成功管理项目必须得是老司机,
"启动"是车辆自检合格,确定项目开始,
"计划"是打火松手刹,确定项目实施方案,
"实施"是加油前进,开始具体项目执行,
"收尾"是安全泊车,完整进行项目收尾。

项目过程管理核心理念

2.1 案例导入

摩托罗拉铱星
项目案例分析

经典案例 摩托罗拉"铱星计划"（见图2-1）项目陨落

成立于1928年的摩托罗拉公司，作为移动通信行业的佼佼者，成绩骄人。第二次世界大战中，美国通信兵身背印有摩托罗拉标志的调频步话机的身影，成为二战的经典美军形象；在阿波罗登月计划中，宇航员尼尔·阿姆斯特朗在月球上的第一句话，是通过摩托罗拉设计并制造的转发器传回地球的。这样的案例不胜枚举，摩托罗拉以过硬的技术和稳定的产品赢得了市场。

1991年，摩托罗拉公司投入大量资金，推出重磅项目，决定建立由77颗低轨道卫星组成的移动通信网

图2-1 摩托罗拉"铱星计划"示意图

络，并以在元素周期表上排第77位的金属"铱"将其命名为"铱星计划"。铱星系统IRIDIUM是由77颗环绕地球的低轨卫星网组成的全球卫星移动通信系统，是地面固定电话网和移动电话网的延伸和补充，通过无缝隙的全球覆盖，为用户提供能随时随地及时沟通的便捷通信服务，是人类历史上第一个真正意义上的全球卫星移动通信系统，被认为是现代通信的一个里程碑。但是"铱星计划"作为商业项目，最后的失败是注定的。

点评 导致"铱星计划"最终陨落的原因是多方面的，如下所述。

1）铱星手机又重又笨，重达 1 磅⊖，与现在的普通手机相比"蠢头蠢脑"，而整个世界移动通信系统的趋势却是手机越做越小。
2）其性能不尽如人意，通话的可靠性和清晰度比较差，在室内和车内都不能通话，甚至在野外的用户还得把电话对准卫星方向来获取信号。
3）铱星移动通信系统的科技在当时过于先进，相关周边产业因技术尚未成熟而无法支援，这导致手机生产数量不足且价格昂贵。
4）由于相关技术不成熟，整个铱星系统耗资达 57 亿美元，每年光系统的维护费用就要几亿美元，运行成本太高。
5）使用 5 国语言的 28 个成员组成了铱星公司的管理决策架构，导致决策效率低下。

创业案例 精彩纷呈的大学生创业项目答辩现场

某高校的创业园每年会针对在校学生的创业意愿，开放 35 个资助名额，提供进入创业园孵化器的机会。进入创业园孵化的企业可以享受连续两年的免租金办公室、每个项目 1~3 万元不等的资金资助、定期的企业免费培训咨询等优质孵化条件。通过项目答辩的企业才有资格进入创业园孵化。这对于大学生创业团队来说是非常宝贵的资源，每个项目团队都会认真准备参加答辩。在下面的项目答辩中，评委组对每个项目都提出了同样的问题："你们为什么决定做这个方向？"现场的典型回答如图 2-2 所示。

讨论 A、B、C、D 四个项目的方向都是怎么来的？现实中大学生的项目方向决策还有其他哪些可能的来源？

⊖ 1 磅≈0.4535 千克。

图2-2 项目答辩典型回答

2.2 创业项目阶段划分

2.2.1 课堂练习卡2-1:做好你的生命规划

每个人都对自己的生命有所期待,都希望在有限的生命里可以实现自己的理想。假如你可以长命百岁,你认为你愿意为了生计工作到多少岁?那么,从现在开始,不管你现在多大年纪,到你停止工作的那一刻,算算看,一共还有多少年?不再工作的时间你打算怎么安排呢?你的一生在每个时期要实现哪些目标?请使用时间轴的方式做好你的生命规划,划分好阶段,写明每个阶段要实现的具体目标,可衡量、可量化的目标最好。请完成课堂练习卡2-1。

课堂练习卡2-1 做好你的生命规划

物品清单	A4纸(白色彩色均可)、直尺、彩色记号笔、圆珠笔、铅笔
步骤	1. 将A4纸横向摆放,从左至右画上时间轴,代表你从0~100岁的所有人生时间 2. 将你想要实现的所有目标,标注在你计划的时间上(尽量可衡量、可量化) 3. 找到所有目标中最重要的3~4个,然后根据这几个目标将人生时间轴划分为相应阶段 4. 重新安排每个阶段的人生规划,保证核心目标的实现 5. 完成后,在小组内进行分享,分享时使用标准句式:我的人生根据主要目标划分为____个阶段,第一阶段从____到____,核心目标是_____,为了实现这个目标,我的计划是_____;第二阶段从____到____,核心目标是_____,为了实现这个目标,我的计划是_____
需时	30分钟
备注	1. 使用各类时间轴的表达方式,阶段划分具体到年 2. 每个阶段的目标清晰明了,避免模糊表达,如"过得幸福""适当的工作",可以调整为"专业匹配的工作,家庭年均收入50万" 3. 老师应启发学生使用积极的思考方式,如坚持学习、努力工作,不鼓励"啃老""收租"等消极生活态度

2.2.2 创业项目的四个基础阶段

项目过程是一个持续不断、先后衔接的各阶段的集合，不是一个点，而是一条线。根据项目进行过程中的不同任务，项目过程可以分为不同的阶段。不同类型的项目阶段划分会有所区别，创业项目至少包括启动—计划—实施—收尾四个阶段。在四个阶段中，对于项目所需资源的消耗是不一样的。一般情况下，项目资源消耗的高峰值会出现在实施阶段，从启动阶段开始，到计划阶段，项目资源的消耗根据不同项目会呈现不同曲线，基本上是逐步升高的趋势，而最容易被忽视的收尾阶段，一样存在资源的消耗（见图2-3）。

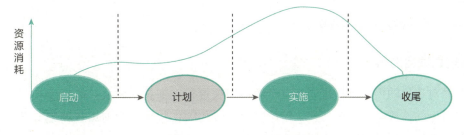

图2-3 项目阶段划分图示

大多数创业者认为只有项目进入实施阶段，才是项目开始的阶段。这个认识是错误的，甚至是有害的。一旦这样认为，其余几个阶段的工作就容易被忽略掉，从而给整个项目带来极大的风险，而创业项目中经常出现的随意决策、随意拖延、随意调整、界限模糊等问题，均来源于此。

项目各阶段间有承转和交叉，不一定按照时间顺序相继开展。有可能存在计划和实施两个阶段有交叉，甚至存在两次以上交叉的情形，也有可能存在实施与收尾阶段交叉的情形。特殊情况下，项目的阶段还会倒置，不一定完全按照这个既定的顺序进行。

2.2.3　创业项目各阶段的工作重点

创业项目四个基础阶段的工作重点是完全不同的。

1. 项目启动：定义项目与决策方向

在项目启动阶段，需要完成的工作包括：发现问题和机遇并提出建议；分析条件和解决问题的可能性与必要性；提出项目提案或项目建议书；研究和批准项目提案或项目建议书并完成项目立项；开展项目的详细可行性研究（必要性和可行性）；审批项目可行性报告；做出项目决策。

创业项目必须完成：项目可行性评估和项目决策。

2. 项目计划：设计与规划项目内容

项目计划阶段，需要全面对项目的内容进行规划，要全面使用项目管理工具，对项目的长度和宽度进行量化管理，这个阶段的工作完成质量对整个项目目标的达成至关重要。这一阶段需要完成的工作包括：明确项目的限制条件；设计项目专项计划目标与主要指标；明确项目范围，全面编制项目范围说明书；项目计划和项目设计的确认；项目工作的对外发包及其合同订立等。

创业项目必须完成：项目范围说明书、工作分解结构表（WBS），做到对项目全过程心中有数。

3. 项目实施：实施任务与控制协调

项目实施阶段，在一般的项目中占用的时间最长，资源消耗比例也最大，是决定项目最终完成质量的重要一环。在项目实施过程中，会不断出现需要修改计划的情况，这很正常，任何项目都是独特的，因此在过程中唯一不变的就是不断会出现变化。但是哪怕需要调整计划的频率很高，也不能否定计划的重要性。

创业项目必须完成：项目的定期、不定期工作检查；根据项目实际绩效和项目标准的差距采取纠偏措施，按计划实施各项工作；实现质量、成本和进度的基本要求；实施风险管理。

4. 项目收尾：项目完工与交付

项目收尾同样不是一个点，而是一条线、一个过程。项目收尾部分的工作对于项目来说非常重要，项目中很多目标的实现都在这个阶段，但是这一阶段最容易被忽略，从而给项目造成不可挽回的损失。收尾阶段需完成项目的各项验收、各类合同的终结、项目产出物的实物交付工作、各种文件及产权或所有权交付工作、项目存在问题与善后处理工作等。

创业项目必须完成：产出物验收交付、财务结算、项目复盘、包括电子文档在内的各类文档的归档。

2.2.4 工具 TC04：创业项目阶段划分时间轴

创业项目阶段划分时间轴见图 2-4。

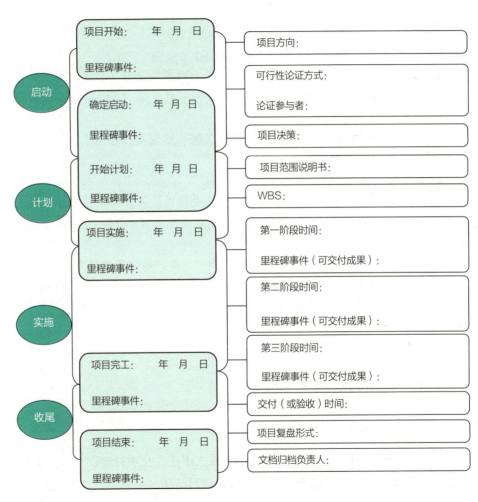

图 2-4 创业项目阶段划分时间轴

工具说明：

1）项目"确定启动"之前填写完成该图。
2）工具中所列事项均为必填项，其余需列明事项可附页，或对该图进行修订。
3）"确定启动"和"开始计划"可能是同一时间同一里程碑事件，也可能不同，请按实际情况填写。（里程碑事件设立步骤参考本章图 2-8）
4）"可行性论证方式"参考使用工具 TC06：创业项目可行性分析自测表。
5）"项目范围说明书"见第 3 章。
6）"WBS"见第 3 章。
7）实施阶段建议按照时间划分各阶段，要按实际项目情况划分，也可按照其他标准划分。
8）"交付（或验收）"在没有实体交付成果的项目中，以项目的其他结束标准为准，如客户数、成交总额、利润总额、产能等。
9）"项目复盘"对创业项目很重要，每个项目、每个子项目都应该在收尾阶段进行复盘。
10）"文档归档"应包括书面文件、各类票据、电子文档、声音视频等各类项目相关文件。
11）该工具适用于"创业项目"，以及项目下分设的"子项目"。

2.3 创业项目里程碑

项目里程碑（Milestone），是项目中的重大事件，在项目过程中不占资源，是一个时间点，通常指一个可支付成果的完成。项目里程碑定义的核心是围绕事件（Event）、项目活动（Activity）、检查点（Checkpoint）或决策点，以及可交付成果（Deliverable）这些概念来展开的。

课堂案例

甲公司要生产某项产品,立项后着手进行项目的阶段计划,将项目实施阶段再详细划分为四个阶段,分别为"第一阶段:技术验证;第二阶段:样品研发;第三阶段:生产与调研;第四阶段:批量生产"(见图2-5),在第一阶段完成后,经过技术验证,会得到一张"研发批准书";然后项目进入样品研发阶段,样品通过相关测试合格后,项目会得到相关部门的一张"试制批准书";然后开始进行小规模生产,并及时跟进产品投放市场后的跟踪调研,根据调研结果,对产品进行后期调整与改进,并提交改进说明,获得认可后,得到一张"生产批准书";项目正式开始进行批量生产与销售。

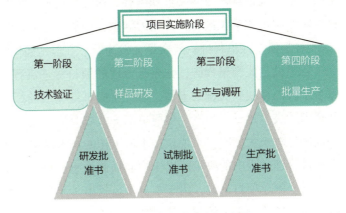

图2-5 项目里程碑案例示意图

点评

1) 该项目在实施阶段,获得的"研发批准书""试制批准书""生产批准书",就是这个项目进行过程中的里程碑事件,是用来确认前一阶段工作已完成,后一阶段工作可以开始的一个重要标志。

2) 该项目中的里程碑事件,是三份书面材料,这属于比较特殊的情况,但不是说每个项目中的里程碑事件,都是以书面材料的形式出现的,里程碑事件包括多种表现形式,可以是与项目相关的任何事件,如产品样品、会议决议、行政批示、项目方案、数据分析报告等。

3) 该项目作为生产类项目,实施阶段过程可供所有生产类项目参考。

2.3.1 创业项目里程碑的设定

项目里程碑分为"强制性里程碑"和"非强制性里程碑",前者是在项目进行中的关键性时间,一般出现在项目合同和范围说明书中,包括具体时间要求和内容,通常与技术、开发流程、设备集成流程或者产品分解结构等有关;后者通常是为了便于项目控制而制定的某关键事件完成的标志,是从项目治理的角度来设定的。

对于强制性里程碑一般意见会较为统一,但是如何恰当设定非强制性里程碑呢?

若想设定此类里程碑,你要有合适的项目管理流程,通常流程包括几个阶段。在每个阶段内,找到关键的事件,通常这些事件完成的标志是某个可交付成果得到评审并拿到了决策意见。当然,最简单的方式就是完成每个阶段结束前的评审,作为一个里程碑。对于大型项目来说,技术型工作的技术评审结果本身可以作为强制性里程碑,而项目管理过程中的决策可以作为非强制性里程碑,并依赖于强制性里程碑的完成情况;对于创业项目来说,由于本身项目较小,涉及的技术审查、项目决策内容都较少,可以简单地将技术工作的关键评审点作为"强制性里程碑",否则,过于复杂的里程碑设定,反而会给项目带来额外的负担(见图2-6)。

编制里程碑计划对项目的目标和范围的管理很重要。协助范围的审核,给项目执行提供指导,好的里程碑计划就像一张地图指导项目该怎么走,很多项目会绘制专门的里程碑图(见图2-7),一般使用三角形符号来标示。在设定项目里程碑以及进行后续管理中,需要注意以下几点:

- 里程碑事件首先是在过程管理中进行计划并确定的(但是贯穿整个项目管理全过程)。

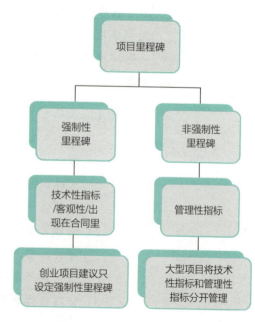

图2-6 里程碑设定提示

里程碑事件	1月	2月	3月	4月	5月	6月	7月	8月	9月
A		▲							
B			▲						
C					▲				
D							▲		
E									

图 2-7　里程碑图示例

- 里程碑事件是项目计划和管理中的重点。
- 不同项目里程碑事件不同（即使同样的团队执行类似的项目，也可能因项目的独特性导致里程碑事件不同）。
- 不能只关注里程碑事件，里程碑事件的完成是这个阶段任务完成与否的主要标志，但里程碑事件不是这一阶段任务的全部（可以用"吃烧饼"的寓言来理解，这个阶段要完成的任务是 9 个烧饼，前面完成 8 个，里程碑事件是第 9 个，不能因为吃完第 9 个吃饱了，就觉得前面的 8 个可以不用吃了），所以要认真对待项目进行中的每个任务。
- 每个阶段并不只有一个里程碑事件，可能会有超过两个以上的里程碑事件同时出现。
- 里程碑事件可以包括文件、成果、产品、会议等各种内容，没有固定的形式。

2.3.2　课堂练习卡 2-2：创意文具项目里程碑事件

大学生创业项目 A 组的 5 名成员都是大学二年级学生，准备以设计、生产、销售创意文具为创业方向，项目试运行时间周期为 2021 年 9 月至 2022 年 12 月。在对项目进行过程管理时，为了更好地控制项目节奏和检验项目效果，5 个人就项目里程碑事件提出如下意见，见课堂练习卡 2-2。

课堂练习卡 2-2　创意文具项目里程碑事件

序号	时间	项目里程碑备选事项
1		5 人团队成立
2		就项目方向达成口头共识
3		就项目方向达成书面协议
4		获得学校"创业园区"入驻资格
5		第一批产品设计完成
6		代工工厂样品交付
7		确定代工工厂，签订代工合作协议
8		淘宝网站装修完毕
9		第一批产品销售完毕
10		参加学校"创业园区"评审答辩
11		项目收入达到 2 万元
12		项目盈利达到 2 万元
13		客户数量达到 2000 人
14		第一次拿到项目分红
15		产品销售累计突破 1 万件

讨论：根据项目里程碑的相关内容，对本项目成员提出的以上可能作为项目里程碑事件进行讨论，并将你确认的该项目的里程碑事件的序号按先后顺序排列出来

答案：

2.3.3 工具 TC05：项目里程碑的设定步骤

项目里程碑的设定步骤如图 2-8 所示。

步骤1　确定最终的里程碑：要求参会人员一致认可最终的里程碑，并取得共识。这项工作在准备项目定义报告时就应完成。

步骤2　集体讨论所有可能的里程碑：集体讨论所有可能的里程碑，与会成员通过头脑风暴法，把这些观点一一记录在活动挂图上，以便选择最终的里程碑。

步骤3　审核备选里程碑：得到的所有备选里程碑，它们中有的是另一个里程碑的一部分；有的则是活动，不能算是里程碑，但这些活动可以帮助我们明确认识一些里程碑。当整理这些里程碑之间的关系时，应该记录下你的判断，尤其是在判定那些具有包含关系的里程碑时。

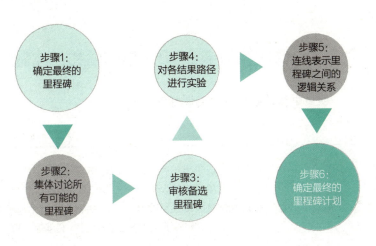

图 2-8　项目里程碑的设定步骤图示

步骤4　对各结果路径进行实验：把结果路径写在白板上，把每个里程碑分别写在便签上，按照它们的发生顺序进行适当的调整和改变，进行实验。

步骤5　连线表示里程碑之间的逻辑关系：连线表示里程碑之间的逻辑关系是从项目最终产品开始，用倒推法画出它们的逻辑关系。这个步骤有可能会促使你重新考虑里程碑的定义，也有可能添加新的里程碑、合并里程碑，甚至会改变结果路径的定义。

步骤6　确定最终的里程碑计划：提供给项目重要干系人审核和批准，然后把确定的里程碑用图表的方式张贴在项目管理办公室，以便大家时时能把握。

经过以上 6 个步骤，可以确定最终的里程碑了。将它挑选出来并纳入计划，你的里程碑计划编制工作就完成了。以上是编制里程碑计划常用的步骤，但是由于项目的唯一性和独特性的特点，创业者在实践中不要拘泥于形式，灵活运用该工具即可。

2.3.4 课堂练习卡 2-3：你的婚礼，你做主！

项目里程碑事件练习见课堂练习卡 2-3。

课堂练习卡 2-3
学生优秀作业（1）

课堂练习卡 2-3
学生优秀作业（2）

课堂练习卡 2-3
学生优秀作业（3）

课堂练习卡 2-3　你的婚礼，你做主！

项目背景	• 假设你定于半年后，在深圳结婚 • 结婚对象是你的大学同学，你们携手走过了三年的恋爱时光 • 婚礼预算共计人民币 10 万元，由双方父母平均承担 • 婚礼形式/场地/宾客/婚礼流程/餐饮安排等事项，均根据新人具体情况自行安排
要求	1. 将这一婚礼项目按照过程管理的四个阶段进行划分，并对每个阶段的主要工作内容进行陈述 2. 标明每个阶段的里程碑事件 3. 尝试提出该项目完成的质量标准 4. 尝试提出该项目完成的预算计划
提示	• 四个阶段划分清晰准确，尤其关注"启动"和"收尾"两个阶段 • 每个阶段任务清楚，如"领结婚证"应该划分入哪个阶段 • 以项目经理的角色进入，而不是婚礼策划师，不能只关注婚礼进行的几个小时，不能只写一份婚礼主持词 • 婚礼现场流程结束，是否代表着项目结束？如果不是，收尾阶段要做什么 • 每个阶段的工作内容最好能有时间安排，以便设计技术问题的时候可以量化 • 婚礼的典型特征是"一过性"，或者叫作"无法弥补性"，没有重来的机会，这就对项目管理提出较高要求 • 启发学生用积极的心态对待人生中的重要问题

2.4 创业项目可行性分析

2.4.1 课堂练习卡 2-4：多出来的 1000 元生活费

通过完成课堂练习卡 2-4，形成对项目可行性分析的初步认识。

多出来的
1000 元生活费

课堂练习卡 2-4　多出来的 1000 元生活费

背景	新学期开始，你从父母那里领到的这个学期的生活费比上个学期多出 1000 元	假设 1：你一个学期的生活费会在开学初一次性领取 假设 2：你要在开学初对你一个学期的生活费支出做整体规划 假设 3：上学期的生活费足够支付所有的基本开销
要求	对多出来的 1000 元生活费，进行支出规划	详细到每笔支出的数额、时间（时间点）、要达到的目标
个人规划		
个人完成时间	30 分钟，个人独立完成	
小组汇报	小组内就完成的规划进行汇报分享，并对每份规划进行初步可行性分析 就小组内个人规划中不合理的地方进行归纳整理	分析提问示例 1. 你觉得××元足够完成你的第××项规划吗？请证明 2. 你觉得完成了第××项规划后就能达到××目标吗？请证明 3. 你想过把其中的××元钱用来做××吗
小组完成时间	以 5 人小组计算，需要 60~90 分钟	这个环节可以在课下完成
班级发布	各小组派出代表对组内讨论进行汇报 形成对于可行性分析的初步认识	

2.4.2 创业者动机分析

创业者遇到的第一个问题,也是被问到频率最高的问题,就是"你为什么要创业?"通过对创业案例进行分析,从各个角度分析创业者动机,学术界建立了各类模型。究其根本,创业的动机(见图2-9)可能包括以下内容:

1)经济动机:获得更多财富,改善经济状况,即"赚钱"。
2)个人价值:放弃已有工作从零开始创业,很多创业者希望更好地实现自我价值,获得肯定。
3)向往自由:认为创业可以实现时间自由,可以更主动地分配自己的时间。
4)实现理想:通过创业实现自己在某一领域的理想和目标。
5)被迫选择:由于下岗、失业、找不到合适工作等原因,被迫创业。

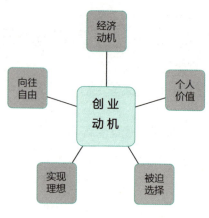

图2-9 创业动机图示

在更多的大学生创业案例中,我们发现,创业者动机往往不是单一的,比如,"希望在实现个人理想的同时,能够实现财富自由,所以我创办了这家漫画社""我毕业时找不到合适的工作,觉得在网上开店成本比较低,时间也自由,就这么做起来了",在决定创业的时候,试着问问自己,你是属于哪种情况或是哪几种情况的组合呢?

2.4.3 工具TC06:创业项目可行性分析自测表

创业项目不能只凭借一腔热血就盲目开始,一个项目要成功,先天基因和后天的培育都很重要。在项目决策实施之前,对项目的可行性分析至少应该包括项目宏观环境分析、行业环境分析、企业自身能力分析三个方面。①项目宏观环境分析包括政治法律环境、经济环境、社会文化环境、科学技术环境因素、地理环境因素等,解决"项目是否被允许"的问题;②行业环境分析尤其重要，包括行业的性质、行业的发展阶段、行业的经济特性和行业的竞争状况等，解决"项目是否有发展潜力"的问题；③企业自身能力分析包括创业者团队能力和资源状况等，解决"我们是否能做好项目"的问题（具体分析内容参见图2-10）。

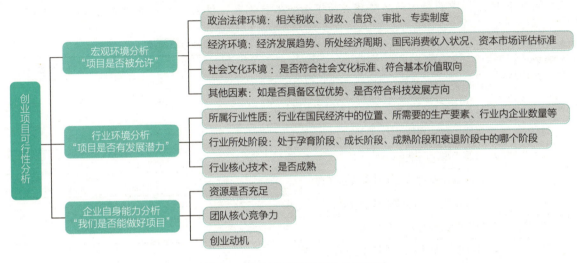

图2-10　创业项目可行性分析图示

课堂案例

小刘在刊物上看到某省专利技术实施公司欲转让一个"高效蜂窝煤技术"的信息，称这种蜂窝煤用一根火柴就能点燃，蓝色火苗，一尺多高，可代替液化气。于是，不远千里到了这家公司。在现场小刘走马观花地看了一会，便被耀眼的现状以及五花八门的获奖证书所蒙蔽，并得出了"的确如此"的结论，遂花了6800元买断了自己所在地区的该项技术独家使用及经销权。但是，事与愿违，小刘回家后，无论怎样做，都达不到广告推介和现场看到的效果。折腾了几个月，这项技术几乎全国都在转让，其价格仅1000元，可是没有一家企业能成功地进行批量生产。小刘付出的代价太沉重了，从买技术到租地建厂、买设备、路费等各种费用，共计赔了4

万元。思考：小刘这次创业失败的主要原因是什么？

大量创业项目因没有进行严格的可行性分析而导致项目决策出现重大失误，针对这一突出问题，我们把创业项目可行性分析中的核心问题整理成为下面一张自测表，供创业项目参考使用（见表2-1）。

表2-1 创业项目可行性分析自测表

序号	问题	答案
1	项目是否受到现有国家政策的支持？是什么？	
2	项目是否受到现有地方政策的支持？是什么？	
3	项目属于哪一产业？	
4	项目属于哪一行业？	
5	项目所属行业目前处于什么发展阶段？	
6	项目所使用的核心技术是否成熟？	
7	项目需要的核心要素是什么？	
8	项目面临的最大的风险是什么？	
9	创业团队是否动机一致？是什么？	
10	创业团队资金是否充足？	
11	创业生存期预计要多长时间？	
12	创业团队的核心竞争力是什么？	
13	行业内代表企业有哪些？	
14	项目产出是否符合目标市场的社会价值取向？	
15	创业团队领袖是否具有足够的人格魅力？	
16	创业团队最大的劣势是什么？	

2.4.4 投资者评估创业项目的标准

从投资者的角度评估创业项目,有 4 个标准,如图 2-11 所示,分别是:创业团队、市场机会、解决方案,以及财务计划。

(1)**第一个重要标准是创业团队**。美国人类学家玛格丽特·米德说过,"永远不要怀疑那些有思想且执着的少数人可以改变世界,事实一直如此。"要知道创业团队在素质、能力、文化和投入上的差异一直是导致结果差异的驱动因素。在介绍创业团队时需要强调的是团队成员的志同道合、互补性、相关性和分工。在管理团队方面,如果创业项目或者企业处于初创期,成员只有创业者自己或几个人,创业者应该提出人员配置计划。

(2)**第二个重要标准是市场机会**。硅谷顶级孵化器总裁萨姆·奥特曼说过,"制作人们想要的产品,但是产量应控制在中等数额范围内,这是一个尝试失败的好方法,但是你无法知道为何失败。"一个适宜投资的市场具有以下特点:大部分客户有这样的痛点;客户意识到了痛点,并不愿意为之忍受;客户有经济能力并且对购买解决方案有决定权,等等。正如现代管理学之父彼得·德鲁克所说,一个商业活动的目的是开发和服务客户。创造杰出的产品以取悦客户,是他们服务宗旨的根本要求。但是太多的创业者混淆了他们所设计的产品与客户喜欢的产品,他们往往假设自己喜欢的解决方案,客户也会喜欢。选择实施产品或解决方案的原因应该是,如何通过解决问题和消除痛点来服务和取悦客户。

(3)**第三个重要标准就是解决方案**。解决方案也就是初始产品。云存储服务商 Box(盒子)的联合创始人亚伦·莱维说过,"成功的产品是能够让客户轻松迈向未来的桥梁。"历史上一些罕见的创业者,像史蒂夫·乔布斯,天生有一种直觉能预测产品类型或解决方案。但大多数成功的创业团队不具

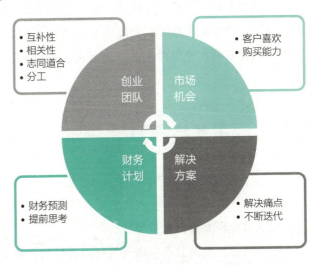

图 2-11 投资者评估创业项目的标准

备这项能力,他们应该通过有序和高效的"客户开发"流程来尽可能地达到这一点。也就是说,产品必须能解决客户的痛点;秉持以客户为本的理念,并不断迭代产品或解决方案,直到从客户的角度确认取得成功。

(4)第四个重要标准就是财务计划。美国第34任总统德怀特·艾森豪威尔说过,"我经常发现计划是无用的,但却是必不可少的。"在创业过程中预测每一个可能出现的场景当然是不可能的。尽管如此,制订一个你知道会发生或可能发生的事情的计划并不是在浪费时间。根据当时所掌握的信息,制订一个财务计划,同时对类似的组织和产品进行透彻的分析,即使不确定,也是必要的。通常,处于种子和早期阶段的投资者过分强调创业项目在3~5年内财务预测的重要性,依据财务报表分析这次创业是否有吸引力。

比如,在广告行业,人们常说:在广告上投入的钱,50%是无用的,而且最大的问题是没人知道这50%是无用的。同样,创业项目所做的财务预测至少有50%是完全错误的,在一开始,最大的问题是,无论创业者还是投资者都不知道这50%的错误的存在。当然财务预测是有其价值的,但不是为了评估创业项目的吸引力,而是迫使创业者深入思考自己对于市场机会的规模、价格、销售周期、销售渠道成本、分配成本、服务成本、营销成本等问题的假设。尽管这些假设会有50%是错的,但是通过事先深入的思考,创业者会比竞争对手更快速地意识到问题所在,并找到正确的答案。

2.5 思考与练习

2.5.1 问答题

1 创业者应该具备哪些特质?
2 创业项目决策前是否应该进行可行性分析?如果不做可行性分析,可能带来的不良后果有哪些?
3 创业项目在每个阶段应完成的主要任务有哪些?

4　创业者的创业动机有哪些种类？分别是什么？

5　确定里程碑时间的意义是什么？

6　天使投资人（机构）评估创业项目的主要指标有哪些？请按重要性排序。

2.5.2　客观题

1　完整的项目过程至少包括几个阶段？
  A. 3　　　　　　　　B. 4　　　　　　　　C. 5　　　　　　　　D. 6

2　项目收尾阶段应该做什么？
  A. 成果交付　　　　B. 成果验收　　　　C. 文档归档保存　　D. 项目复盘

3　项目决策前必须进行什么工作？
  A. 可行性分析　　　B. 小组会议　　　　C. 专家咨询　　　　D. 成本分析

4　关于"项目里程碑"的陈述哪些是正确的？
  A. 每个阶段只有一个里程碑事件　　　　B. 里程碑事件包括了所在阶段的所有任务
  C. 里程碑事件没有固定的形式　　　　　D. 里程碑事件应该是以书面文件形式出现的

5　项目管理中"收集需求"中的重要输出成果包括哪些内容？
  A. 需求文件　　　　B. 项目范围说明书　　C. WBS　　　　　　D. 项目里程碑

6　项目里程碑事件的形式应该是一张批文？
  A. 对　　　　　　　B. 不对　　　　　　C. 不全对　　　　　D. 不确定

7　确定项目里程碑事件需要几个有效步骤？
  A. 3　　　　　　　　B. 4　　　　　　　　C. 5　　　　　　　　D. 6

8 创业动机包括哪些内容？

　　A. 经济动机　　　　　　B. 实现个人价值　　　　C. 向往自由　　　　　　D. 实现理想

9 创业项目可行性分析是可以选择的过程，可以选择做或者不做？

　　A. 对　　　　　　　　　B. 不对　　　　　　　　C. 不一定对　　　　　　D. 不确定

10 项目是否实施的决策依据是什么？

　　A. 项目可行性分析结果　　　　　　　　　　　B. 团队集体意志

　　C. 团队领袖意见　　　　　　　　　　　　　　D. 项目资金是否充足

参考答案

1	2	3	4	5	6	7	8	9	10
B	ABCD	A	C	A	B	D	ABCD	B	A

第 3 章
创业项目范围管理

 核心理念顺口溜

项目范围管理管项目的宽度，
项目范围管理划定项目的边界，
明确项目目标和可交付成果，
保证项目完成得不多不少刚刚好，
项目范围说明书的完成是重要里程碑，
要求写得简明扼要、全面准确，
随后逐层分解项目任务，
直至不能分解为止，
WBS 是项目管理最重要的工具之一，
必须经常练习，熟练掌握，
项目进行中始终不变的就是一直在变化，
建立变更控制的理念非常重要。

3.1 案例导入

经典案例 悉尼歌剧院项目——范围管理边界不清使得最美丽建筑险些流产

悉尼歌剧院（Sydney Opera House）是世界公认的 20 世纪最美丽的建筑物之一，被定义为澳大利亚的国家地标。但作为建筑项目本身，业内人士对它的评论褒贬有之，甚至有人评价它"表里不一，结构不合理""功能被掩盖在无关的结构之下，违背了现代建筑的原则"，等等。

悉尼歌剧院案例中的成本估算分析

回顾悉尼歌剧院的建造过程，一波三折。1950 年，一群热心慈善的市民提议，在悉尼建造一个具有世界水平的歌剧院，以促进表演艺术的发展，这一提议被当时的州政府采纳。1956 年，州政府向世界征集悉尼歌剧院的设计方案，经过评审，来自丹麦的年轻设计师约翰·伍重的设计击败了来自 30 多个国家的 230 余名竞争者，获得第一名。当时的设计是在图纸上通过几笔素描勾画出的一连串姿态各异、向上悬臂斜挑的双曲壳体，设计者设想壳顶厚度为 100mm，壳底厚度为 500mm，让人吃惊的是，这一方案既未按正规方法制图，更未深究其实现的可能性，仅凭借奇特的外形和想象力征服了评审。但如何将这样一个富于想象力的设计方案变为实实在在的建筑物？它超过了当时

图 3-1　悉尼歌剧院示意图

工程学所能容纳的范围。用什么样的技术、什么样的材料来建造这样一个造型独特的巨大建筑，同时要保证它的安全性，一系列的难题使得项目施工困难重重。在施工中，因为技术、成本、政策等因素的影响，该项目不断突破原定的资金限度，从350万英镑一路飙升到5000万英镑，同时其落成和对外开放向后整整推迟了10年，从原定的1963年推迟到了1973年。

点评 从项目管理的角度分析这个项目，不难发现，这个项目在范围管理上出现了严重的管理缺陷，在项目开始实施前，对于项目的内容，所需要的主要技术、材料，可能遇到的困难，相应的风险管理预案，都处于模糊的状态；项目的核心团队，从设计师到施工者，都是抱着"走一步看一步"的想法。这一粗放型的范围管理状态直接决定了项目在进度、成本、质量三大部分都无法进行科学精确的计划，更无法精确地对项目进行中的所有工作进行分解，导致了后期项目进展中项目管理基本处于"无政府状态"。虽然这首不断中断的"未完成的交响曲"在各方持续数十年的努力中，终于完美谢幕，造就了一个伟大的建筑奇观，但是项目本身冗长混乱的管理过程，也成为项目管理中的一个典型反面案例。

创业案例 莫言、张艺谋和巩俐共同成就了《红高粱》

《红高粱》是由西安电影制片厂出品的，改编自莫言的同名小说的一部战争文艺片，由张艺谋执导，巩俐等主演，于1987年在中国上映后，获得了国际国内一系列影视大奖。我们在看到这些优秀的影视作品时，是否会想要问，究竟一部好的电影是怎么一步一步拍出来的？导演、演员和编剧，究竟谁的功劳最大呢？

通过梳理一部电影的完成过程，我们发现，这是一个有序进行的制作过程：编剧要完成整个故事的创造、人物性格的塑造；导演需要将整个故事切成一个一个镜头，用观众喜闻乐见的艺术手法呈现出来；而演员则要认真完成每个镜头的拍摄，保证最终呈现的是导演设计的效果。这其中的每个步骤都很重要，不能省略；每个步骤的先后顺序也不能随意调整。所以，可以说是莫言、张艺谋和巩俐共同成就了《红高粱》，是编剧、导演和演员们共同遵守电影制作的规则，才能完成一部影视作品的创作。

> **讨论** 对应项目管理，是否也存在这样从故事—到镜头—到动作的逐步精细化操作呢？
>
> **要点：**
> 1）项目管理中的范围管理就是逐步确认项目具体任务的过程。
> 2）搞清楚项目的内容，好比给项目划定了范围，好比编剧完成了剧本创作，项目管理中对应"剧本"的东西称作"项目范围说明书"。
> 3）基于项目范围说明书，逐层分解项目任务，好比导演完成镜头的切分。在项目管理中通过项目任务分解结构表（WBS）来实现，每个不能再分解的"工作包"好比电影中的镜头。
> 4）负责人按要求完成每个工作包的任务，保证项目按计划进行，好比演员按计划保质保量完成每个镜头的拍摄。
> 5）三个阶段缺一不可。

3.2 项目范围

3.2.1 课堂练习卡 3-1：项目范围相关表述解读对错判断

判断以下项目范围相关表述解读的对错，并填写课堂练习卡 3-1。

课堂练习卡 3-1 项目范围相关表述解读对错判断

序号	项目范围相关表述	解读	判断
1	"项目应在 2020 年 9 月 30 日前完成交付"	不晚于 2020 年 9 月 30 日交付	
2	"项目外墙成本为 100 元/平方米"	这个成本做出的外墙质量太差,应该提高标准到 120 元/平方米,多出的成本可以从其他成本中匀出	
3	"项目次品率不高于 5%"	从设备、人员技术各方面,提高产品质量,保证项目次品率控制在 2% 的范围内	
4	"项目第一阶段市场目标为线上用户总量达到 100 万"	"线上用户总量"的数据不如"线上活跃用户总量"的数据更有意义,因此要保证 100 万线上用户的活跃度	
5	"项目寻找具备基本生产资质的服装加工企业代工"	只要具备基本生产资质的企业,均可以作为备选对象,在此基础上"价低者得"	
6	"项目人工成本不超过 200 万元"	在 200 万的范围内,拿出 50% 作为核心技术人员成本,保证项目质量	
7	"此电视机产品设计寿命为 10 年"	电视机作为耐用消费品,10 年寿命期太短,通过调整核心零部件,在只增加 5% 成本的基础上,将设计寿命延长至 20 年	
8	"为了降低运输途中风险可能带来的损失,需提前购买相关商业保险"	分析项目运输中,最容易引起风险的是水灾,因此,将运输方式改为铁路运输,从而省去了购买相关商业保险的费用	

提示:关于项目范围的解读,切记"不多不少刚刚好"!

达不到项目要求的内容,属于项目解读不当;但是盲目超越项目要求,提高项目相关标准,一样属于项目解读不当,因为项目的范围标准与项目的各项成本和资源息息相关。

3.2.2 项目范围管理的内容

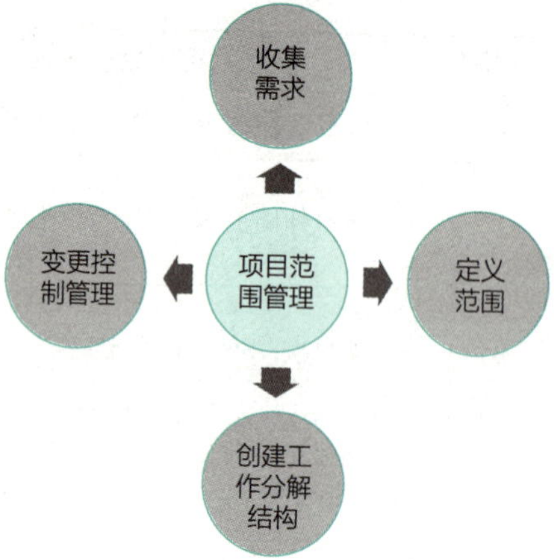

项目范围是项目的最终成果和产生该成果必须要做（做且只做）的全部工作。这划定了项目管理的工作边界，明确了项目的目标和主要项目可交付成果。如图3-2所示，项目范围管理需要完成收集需求、定义范围、创建工作分解结构、变更控制管理四个方面的工作。

1. 收集需求

收集需求是为实现项目目标而定义并记录干系人的需求的过程，旨在定义和管理客户期望。需求是指发起人、客户和其他干系人的已量化且记录下来的需要与期望。需求是工作分解结构的基础。成本、进度和质量规划也都要在这些需求的基础上进行。项目一旦开始，就应该足够详细地探明、分析和记录这些需求，以便日后进行度量。

图3-2 项目范围管理内容示意图

2. 定义范围

定义范围是以项目的实施动机为基础，是制定项目和产品详细描述的过程。应该分析现有风险、假设条件和制约因素的完整性，并在必要时补充其他的风险、假设条件和制约因素，这是项目范围说明书重要的输出成果。要准确定义范围，建议创业项目采用如下两种方法。

一是产品分析，目的是使项目团队对项目产品有更好的理解。产品分析可以加深对项目成果的理解，从产品的功能和特性着手分析，反向推导项目的工作范围，目的是使团队开发出一个更好、更明确的项目产品。对项目成果进行分析时，可以综合运用不同的分析方法，如系统工程等技术。（产品范围指产品应具有且只应具有的功能。）

二是项目方案识别技术，项目方案识别技术一般指用于提出项目目标方案的所有技术，如头脑风暴法、专家判断和引导式研讨法等，其目的是针对项目的每个问题提出尽可能多的备选方案，在此注重的是方案的数量而不是方案的质量。将所有备选方案都记录下来以后，再运用各种经济评价方法，找出最佳方案，从而根据该方案制订项目的范围计划。

3. 创建工作分解结构

项目工作分解结构表（Work Breakdown Structure，WBS）以可交付成果为对象，是将项目团队为实现项目目标创造必要的可交付成果而执行的工作进行分解之后得到的一种层次结构。WBS 将项目目标分解为许多可行的、逐步细化的、相对短期的任务，将需要完成的项目按照其内在工作性质或内在结构划分为相对独立、内容单一和易于管理的工作单元。WBS 定义和组织了项目的全部范围。

WBS 是一种将复杂任务分解为简单任务的方法，也是项目管理中最基本最重要的工具之一。

4. 变更控制管理

由于项目环境或其他各种原因（见图 3-3），需要对项目的范围基准进行修改，甚至是重新计划，这一类修改或变化叫变更。对项目范围变更的控制与管理是项目管理控制的重点工作之一。项目范围变更控制关心的是对造成项目范围变更的因素施加影响，并控制这些变更造成的后果，确保所有请求的变更与推荐的纠正，通过项目整体变更控制过程进行处理。

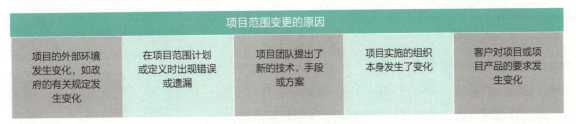

图 3-3　项目范围变更原因图示

3.2.3 项目范围管理的作用与目标

项目范围管理项目的宽度对于项目后期能否顺利按计划执行至关重要。
1）为项目实施提供产出物和工作范围的框架。
2）项目范围是确定项目费用、时间和资源计划的前提条件和基准，可提高费用、时间、人力和其他资源估算的准确性。
3）确定进度测量和控制的基准，为项目实施的有效控制提供依据和标准。
4）明确项目责任，对项目承担者进行考核和评价。
5）为项目的管理终结和最终成果交付提供清单。

项目管理的目标就是要对项目做精细化管理，保证计划翔实周密，任务分解细致无遗漏无添加，保证项目完成得不多不少刚刚好，从而实现项目各类资源的最高效配置。

3.3 创业项目范围说明书

3.3.1 项目范围说明书的主要内容

项目范围说明书是项目文档中最重要的文件之一。它进一步并且正式明确了项目所应该产生的成果和项目可交付的特征，并在此基础上进一步明确和规定了项目利益相关者之间希望达成共识的项目范围，为未来项目的决策提供了一个管理基线。

如图 3-4 所示，项目的范围说明书至少应该说清楚与项目有关的三个方面内容，即

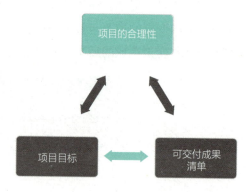

图 3-4 项目范围书内容图示

项目的合理性、项目目标和可交付成果清单。

1）**项目的合理性**，也就是说明为什么要实施这个项目，这为后期项目管理中处理各类评估与利弊消长关系奠定了基础，比如成本管理和进度管理互为消长时，优先考虑哪个因素。

2）**项目目标**，也就是项目要达到的期望产品或服务。确定了项目目标，就确定了成功实现项目所必须满足的某些数量标准。项目目标的表述要尽量地使用量化指标，如费用、时间进度和技术性能或质量标准等；如果项目目标不能够被量化，则在项目交付阶段存在很大风险。

3）**可交付成果清单**，也称"项目可交付成果清单"，是标志项目阶段完成或项目完成的标志。如某软件开发项目的可交付成果清单有能运行的电脑程序、用户手册和帮助用户掌握该电脑软件的交互式教学程序。

3.3.2 工具TC07：创业项目范围说明书模板

详细的项目范围说明书应包含项目名称及描述、项目目的、项目指标、项目可交付成果、制约因素、假设前提等（见表3-1）。

假设前提的确认
——甘肃绿色药材项目

项目名称的准确定位——无人云摄影项目

表3-1 创业项目范围说明书模板

项目名称及描述	包括项目所需要解决问题的简单描述
项目目的	解释执行该项目的原因
项目指标	包括时间期限、费用预算以及质量要求等可量化的指标
项目可交付成果	在项目执行过程中完成并交给客户的产品或服务的结果
制约因素	项目是否受到特别的限制，制约了项目的各种选择
假设前提	是指为了制订项目计划，对那些暂时无法确定或以后极有可能变化的因素做出某些假设
其他事项	不包括在前述项目中，属于项目核心内容的其他事项

|课堂案例|

汽车门锁开发项目范围说明书见表3-2。

表3-2 汽车门锁开发项目范围说明书

1. 项目名称及描述	该门锁是客户新车型PQ-25的配套项目,客户要求为该车开发专门的门锁,需具备高强度、易操作的特点,能实现遥控、密码识别等功能
2. 项目目的	①为客户的新产品配套;②优化现有产品结构;③满足售后市场的需要
3. 时间	12月底提供样件,次年3月形成批量供货能力
4. 费用	项目预算1200000元,其中500000元用于购买测试设备
5. 质量	设计图纸并获取客户的确认,样件符合图纸要求,按时提交样件并获得客户的接受,按要求形成批量生产能力
6. 项目可交付成果	①项目计划书;②图纸;③100套样件;④样件测试报告;⑤每月一次的项目进展报告;⑥项目验收报告
7. 制约因素	①样件必须在正式生产线上完成;②必须制作100套样件;③样件测试必须在客户的生产线上进行
8. 假设前提	①具备汽车门锁开发的技术;②客户对样件的几何尺寸、材料结构参数、性能要求明确;③具备样件制作工具及设备;④具备生产设备;⑤具备相关技术人员

3.4 创业项目工作分解结构表（WBS）

项目工作分解结构表（Work Breakdown Structure，WBS）是项目全系统的工作任务图，跟数学中的"因数分解"是一个原理，就是按一定的原则，把项目整体分解成较小的、易于管理控制的若干子项目或工作单元（Work Package）的过程（见图3-5）。工作分解结构以项目范围说明书为依托，列入工作分解结构的就属于本项目的工作范围，否则就不属于本项目的工作范围。

图3-5 项目工作分解结构表内涵图示

WBS是一种结构化的逻辑思维方法，属于项目范围管理的核心内容，适用于各行各业的项目管理或任务管理。工作分解结构以可交付成果为导向，通过工作分解，更加详细和具体地确定了项目的全部范围，也标识了项目管理活动的努力方向。

课堂案例 项目管理的逻辑和工具适用于各类项目，包括生活中符合项目特征的事件的管理。比如，为了庆祝生日、节日、纪念日等，很多家庭会不定期举办一些小型派对，为了做好派队前的准备，就需要将所有任务分类管理，再将分解后的具体任务分配给不同的人负责，这样既保证不会有遗漏，又可以最大化提高效率。某宴会项目工作分解结构表如图 3-6 所示。

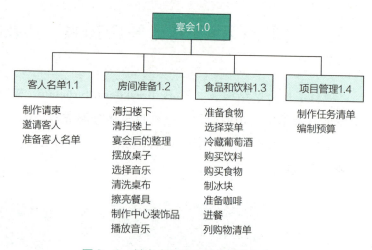

图 3-6 某宴会项目工作分解结构表

3.4.1 项目工作分解结构表（WBS）的作用

1）WBS 是最有价值的项目管理工具之一，能够为复杂问题提供清晰的解决思路。

2）合理的 WBS 可以为项目干系人之间对项目范围等理解的差异提供良好的沟通基础。

3）WBS 可以把项目目标分解成更具体、明确、便于考核和管理的工作可交付物。

4）WBS 不仅是进度、成本、质量等计划编制的基础，也是进行项目实施、过程监控、完工考核的重要依据。

5）项目经理根据子项目和任务确定项目管理的组织机构并设置相应岗位和人员，根据各个工作单元的技术要求，组织分派项目人员，明确各自的责任。

6）利用工作分解结构表可以更好地实施项目风险控制和合同控制。

3.4.2 工具TC08：项目工作分解结构表（WBS）可以解决的问题列表

WBS可以解决的问题列表见表3-3。

表3-3 WBS可以解决的问题列表

问题	解决方案	实现目标
项目需要完成哪些任务？	从目标开始倒推，列出所有任务清单	明确项目所有任务清单并列明各任务间逻辑关系
	从范围说明书开始分析，列出所有任务清单	
	厘清各任务间逻辑关系	
项目需要哪些资源？	针对具体而明确的工作任务，较准确地定义出所需的技术、人力及其他资源	明确项目资源配置需求并准确分配给每项任务
项目组成员各自承担哪些职责？	根据任务清单中的责任人划分确定职责	明确项目成员职责界定并达成项目内有效沟通
项目如何实现精细化过程管理？	根据WBS任务分解层级和先后次序进行过程管控	明确项目管控的阶段性目标并实现项目的高效管理

3.4.3 项目工作分解结构表（WBS）的分解维度

一个项目可以分解为为数众多的工作包，根据项目的复杂程度，数量从几十到上万不等，要将工作包按照一定的维度逐级分解排列，才能让后期的执行更加清晰，也才能对项目的实施起到正面的指引作用。WBS的分解可以基于项目的实施过程、产品结构、可交付成果、组织职责等维度来进行，其中基于"实施过程""产品结构"和"可交付成果"是最为常用的分解维度，对于创业项目推荐采用这三种方式进行分解。在复杂的项目中，有时会采用多维度组合的方式，比如第一层分解按照"实施过程"维度进行分解，第二层分解中一部分采用"可交付成果"进行分析。

图3-7中关于"轮船建造"的项目，在第二层级的分解中，是按照"产品结构"维度进行分解，第四层级中对于C段的任务分解，是按照"实施过程"维度进行分解的。图3-8中关于"3D样品打印"项目，在第二层级的分解中，是按照"可交付成果"维度进行分解，第三层级对每项可交付成果，则是按照"实施过程"维度进行分解。

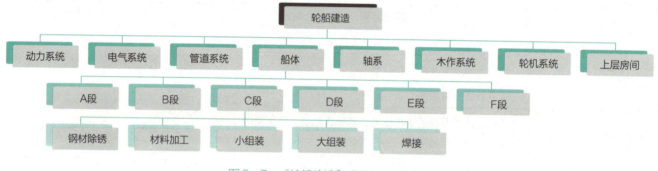

图3-7 "轮船建造"项目WBS图示

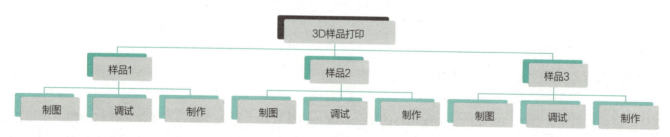

图3-8 "3D样品打印"项目WBS图示

3.4.4 项目工作分解结构表（WBS）的分解规则

1. 分解基本规则

为保证工作分解能够达到很好的效果，对项目工作进行分解，须遵循如图 3-9 所示的基本规则。

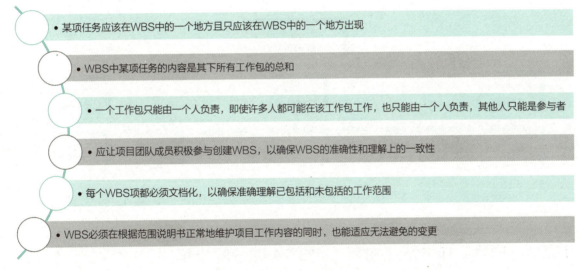

图 3-9 WBS 分解基本规则

2. 分解时的编码规则

- 编码的唯一性，一个项目中不得出现重复的编码。

- 编码的同类性，每一个层级的编码要有一定的同类性。
- 编码的可扩充性，根据项目特征使用恰当的编码种类，一般采用数字、英文字母、数字字母组合的方式进行编码。
- 使于查询、检索和汇总，编码要为后期的项目管理提供便利，尤其是采用数字化管理的大型项目，需要不断通过编码提取相应的工作包来跟进项目的实施情况。
- 反映特定项目的特点和需要。

3D样品打印WBS编码如图3-10所示。

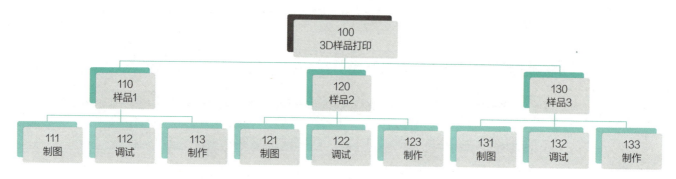

图3-10　3D样品打印WBS编码图示

3.4.5　工具TC09：项目工作分解结构表（WBS）的分解步骤

一般情况下，要完成项目工作分解结构表（WBS），需要完成图3-11所示的8个步骤，其中需要特别注意的是：这项工作应尽可能让所有参与项目管理与实施的人员共同参与，以保证从源头上消除因对项目范围理解上的差异给项目可能造成的混乱。在创业项目中，建议全体成员参与工作分解的工作，如果可以找到类似项目的WBS模板，推荐使用创业项目参考模板进行分解，避免因为经验不足导致的严重失误。分解最终得到的工作包必须详细到可以对该工作包进行估算（成本和历时）、安排进度、做出预算、分配负责人员或组织单位。

图3-11　WBS分解步骤示意图

课堂案例　　对于创业项目来说，要创建WBS，还可以通过"五步提问法"这一更简单的方式进行，如图3-12所示，通过一个家庭装修的项目案例，就可以清晰看懂五步提问法的实施步骤。

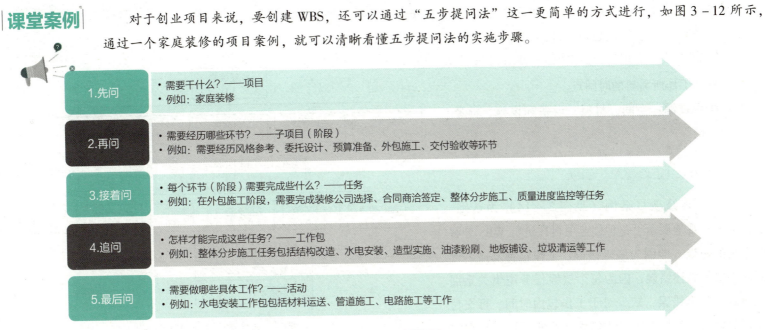

图3-12　五步提问法

3.4.6 项目工作分解结构表（WBS）的工作包

1. 工作包应包括五个方面的要素

工作包内容如图 3-13 所示。

- 工作内容：是对工作进行的描述，使执行工作的人彻底了解他需要完成的工作。
- 任务承担者：具体执行人员，如是多人承担，对人员的分工和合作进行明确。
- 工作对象：与工作直接相关的对象，包括物质的和非物质的。
- 完成时间：时间估计还应当进一步确定出完成每项工作所需要的时间点。
- 所需资源：空间、材料、设备和设施、资金、人员等。

2. 创业项目工作包常见错误

以家庭装修项目案例（见图 3-14）为基础，图 3-15 直观地展示了三种创业项目在进行 WBS 分解时常见的错误，即因为编码错误、工作包重复命名等原因导致的表述错误；因为每个层级任务逻辑关系混乱导致的逻辑错误；缺少对于工作包内时间、可交付成果等量化标准导致的量化错误。这些错误一旦在实

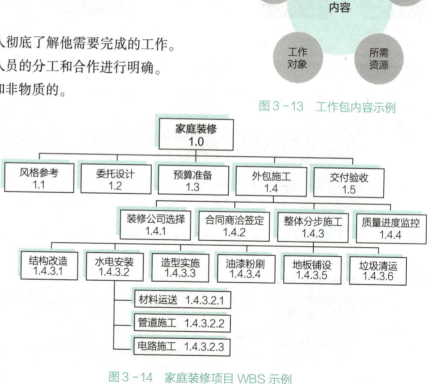

图 3-13　工作包内容示例

图 3-14　家庭装修项目 WBS 示例

际项目管理中出现，就会给项目带来一定的损失，因此，要尽量从开始进行工作分解的时候就避免错误的产生，一旦发现，要立即改正，并及时有效通知所有相关人员。

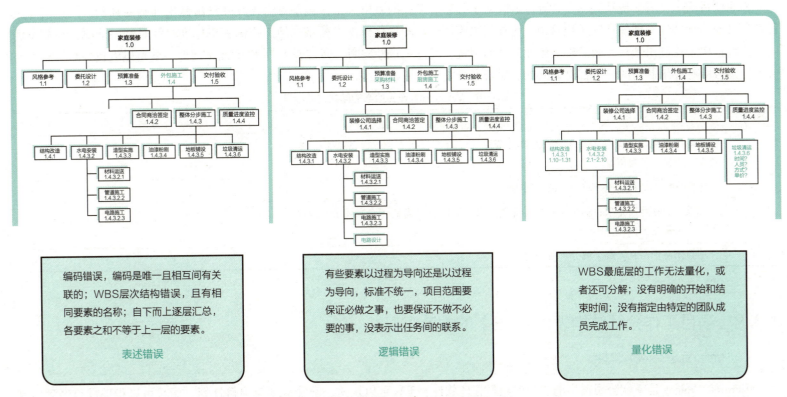

图3-15　家庭装修项目WBS常见错误示例

3.4.7 工具TC10：项目工作分解结构表（WBS）是否恰当的判断标准

创业项目的参与者一般缺乏项目管理经验，对于分解后形成的表格和工作包是否恰当往往没法做出准确的判断，但是由于项目本身具备的独特性，即使在同类项目中，也往往很难用统一的量化标准去衡量这项工作的完成标准。针对这一情况，在复杂的项目分解结构表绘制出来后，为了解决创业团队的困扰，通过主观性判断，回答表3-4中的四个问题，就可以大致判断分解是否恰当，是否所有详细制订的计划都是正确的，是否有重复和遗漏。

表3-4 WBS分解是否恰当的简易判断标准

序号	问题	答案
1	你能准确地估计实施这个行动所需要的资源吗（资源包括人力、设备、原材料、资金、设施、信息等）	
2	你能准确地估计实施项目所需的时间吗	
3	如果你必须将这个项目移交给其他人管理，你有把握他（或她）会通过分解结构表，非常清楚要做什么吗	
4	项目团队中所有人都了解分解表的内容吗	

3.4.8 项目工作分解结构表（WBS）的推荐工具

1. Microsoft Project 软件

Microsoft Project 是微软公司推出的专门的项目管理软件，不仅可以快速、准确地创建项目计划，而且可以帮助项目经理实现项目进度、成本的控制、分析和预测，使项目工期大大缩短，资源得到有效利用，提高经济效益。该软件第一版发布于1995年，其后版本不断更新。这是一款非常强大，功能完整的项目管理软件，可以完美地完成 WBS 的工作。

2. 以 WBS Chart PRO 为代表的专门性软件

对于创业项目来说，Microsoft Project 的功能过于复杂，不一定每项功能都有需要。在这种情况下，像 WBS Chart PRO 这一类专门完成 WBS 的软件就更加实用了。

3. 思维导图软件

除了专门的 WBS 绘制软件外，现在被广泛使用的各类思维导图的绘制软件也可以实现任务包分层排列的目标。实在不会使用思维导图软件的项目组，还可以使用在 Word 中插入 Smart Art 图形这种最简单的方式来实现。

4. 手绘

在不满足电子化条件的情况下，针对创业项目内容简单的特点，也可以采用手绘的方式完成对于项目任务的分解。

WBS 是项目管理中的一项基础工具，很多管理职能都可以通过在此基础上的操作来完成，包括质量管理、进度管理、成本管理中的核心任务。WBS 需要掌握的内容包括以下几点（见图 3-16）。

1）What，了解什么是 WBS。
2）Why，其主要作用是什么。
3）How many，通过哪些维度进行分解。
4）Rules，编码的基本规则有哪些。
5）Problems，可以解决哪些问题。

图 3-16　WBS 应知内容总结

6）Pack，工作包的内容。

7）Steps，分解的步骤方法有哪些。

8）Common errors，常见错误有哪些。

9）Judgement，分解是否恰当的判断标准是什么。

10）Tools，可以使用哪些工具完成分解。

3.5 思考与练习

3.5.1 问答题

第3章问答题学生优秀作业

请阅读案例"'无线手机充电器'项目备战互联网+大赛"，进行项目工作分解工作。

团队与分工：张老师（技术指导老师、第一指导老师）、王老师（团队创新指导老师、第二指导老师）、李同学（团队负责人、技术主要开发者）、赵同学（技术协同开发）、周同学（技术商业转化、市场开发）、吴同学（团队内部管理、行政事务）、郑同学（产品试制开发）、王同学（产品试制开发）。

项目现状：

1）项目已经取得了实用新型技术的专利。

2）产品已经完成设计，进入工厂制版试制阶段。

3）项目的市场推广方案还在进一步调研完善中，暂时没有确定最后方案。

4）项目的参赛演示PPT和现场展示还需进一步演练。

5）项目目前资金剩余4万，每月固定支出1500元，每月学校补贴2000元。

6）校赛获奖，一等奖奖金 5 万元，二等奖 3 万元，三等奖 1 万元。一等奖有机会代表学校参加省赛。

时间安排：大赛时间是 6 月 30 日，具体排次抽签决定。

项目目标：校赛一等奖（校赛考核主要指标：项目创新性/商业表现/团队/路演等）。

工作分解：

子项目 a：完成产品样品制作。

子项目 b：完成市场推广方案并进行初步推广。至少包括：市场调研/商品定位（外观、定价、目标客户群等）/渠道/售后。

子项目 c：完成参赛演练。

3.5.2 客观题

1 工作分解应该在项目进行的哪个阶段完成？
   A. 启动　　　　　　　　B. 计划　　　　　　　　C. 实施　　　　　　　　D. 收尾

2 项目范围说明书和 WBS 之间的关系与下述哪一组最接近？
   A. 导演和演员　　　　　B. 编剧和演员　　　　　C. 编剧和导演　　　　　D. 都不是

3 关于 WBS 的表述，正确的有哪些？
   A. WBS 全称是 Work Breakdown Structure　　　B. WBS 是项目管理最基本的工具之一
   C. WBS 是一种逻辑性强的管理方法　　　　　　D. WBS 分解到最后的任务就不能再分解了

4 关于"项目范围"的陈述哪项是正确的？
   A. 项目范围大于项目所有任务　　　　　　　　B. 项目范围等于项目所有任务
   C. 项目范围小于项目所有任务　　　　　　　　D. 项目范围不小于项目所有任务

5 项目范围管理包括哪些内容？
   A. 收集需求　　　　　　　　　　　　B. 定义范围
   C. 创建工作分解结构　　　　　　　　D. 变更控制
6 项目范围说明书应该在项目进行的哪个阶段完成？
   A. 启动　　　　B. 计划　　　　C. 实施　　　　D. 收尾
7 关于 WBS 分解原则表述，不准确的有哪些？
   A. 某项任务可以在 WBS 中的一处或多处出现
   B. 一个工作包只能由一个人负责
   C. WBS 中某项任务的内容是其下所有工作包的总和
   D. WBS 必须在根据范围说明书正常地维护项目工作内容的同时，也能适应无法避免的变更
8 WBS 分解维度包括哪些内容？
   A. 实施过程　　　B. 可交付成果　　　C. 产品结构　　　D. 组织职责
9 WBS 编码要求是什么？
   A. 唯一性　　　　B. 同类性　　　　　C. 可扩充性　　　D. 便于检索
10 在 WBS 中分解形成工作包，每个工作包应该包括哪些内容？
   A. 工作内容　　　B. 任务的承担者　　C. 完成工作的时间　D. 完成工作所需的资源

参考答案

1	2	3	4	5	6	7	8	9	10
B	C	ABCD	B	ABCD	B	A	ABCD	ABCD	ABCD

第 4 章
创业项目进度管理

 核心理念顺口溜

项目进度管理的对象是时间，
是现代项目管理"铁三角"进度、成本和质量中的一角；
象限优先管理工具帮助解决同时要进行的项目任务，
网络图工具对工作包间先后顺序与依赖关系进行管理，
画好网络图是个技术活，
需要明白规则勤练习，
记住口诀是一个起点一个终点不循环不交叉；
甘特图直观明了好掌握，
但在表达工作间的逻辑性上稍欠缺；
进度管理的最低标准是不得超过计划建设周期，
最高标准则是配合成本和质量管理，
实现项目整体目标。

项目进度管理核心理念

4.1 案例导入

经典案例 中国某工程联合体承建非洲某公路项目遭遇"滑铁卢"

2002年,我国某工程联合体(某央企+某省公司)承建非洲某公路项目,该项目甲方是非洲某国政府工程和能源部,出资方为非洲开发银行和该国政府,项目监理是一家英国监理公司。项目原定工期为四年,预计于2005年12月验收。但工程期满时,实际工程量只完成了35%,工程进度拖延严重,甲方和监理公司单方面启动了延期罚款,金额高达每天5000美元。之后谈判破裂,甲方致函终止了合同,给中国承建方造成了巨大亏损,也影响了中国承包商的声誉。是什么原因导致了该项目的进度管理出现如此严重的问题?

首先,项目承建方在项目签约前,没有做好前期的项目考察评估工作,没有详细确认项目所在国的客观情况对该项目进度可能造成的影响,项目的范围管理存在巨大漏洞。项目所在国土地全部为私有,土地征用程序及纠纷问题极其复杂,地主阻工的事件经常发生,当地工会组织活动活跃,由于土地征用问题得不到及时的解决,项目进度被动停滞;当地天气条件恶劣,一年只有1/3的可施工日,项目进度受到严重影响;项目所在国政府对环保有特殊规定,任何取土采沙场和采石场的使用都必须事先进行相关环保评估并最终获得批准方可使用,而政府机构办事效率极低,项目进度因此受到严重影响。

其次,由于范围管理的缺失,使得项目资源配置出现严重问题。项目人力资源配备不足,在陌生的环境特别是当地恶劣的天气条件下,中方的施工、管理、人员和工程技术等不能适应该项目的需求,现场人员素质不能满足项目的需要,在一个以道路施工为主的工程项目中,道路工程师却严重不足甚至缺位,所造成的影响是可想而知的;项目设备设施配备不足,中方人员低估了项目的复杂性和难度,部分设备选型错误。

再次，项目进行中的进度管理预警机制缺位，在项目持续进行的 4 年间，阶段性进度出现延误达到一定水平的情况下，应及时启动风险控制机制，调整项目投入，协调项目资源，与甲方及时进行沟通商讨解决方案，以避免最终项目结束工期的延误，但是该项目显然缺乏这方面的精细化管理。

点评 项目的进度管理不是一个独立的管理内容，是和项目的方方面面紧密结合的，时间是项目运行中必须具备的要素之一，对于项目的进度管理，需要使用有效的工具对进度进行精细化管理，在对项目进度进行调整时，需要全面评估相关各方因素，确定最优方案。

创业案例

疲于奔命的创业者

在和创业者们的多次沟通中，我不断被他们的热情感染着，被新奇大胆的想法鼓舞着，相信通过个人的努力，一定会在创业过程中有所收获。而在许多次的沟通中，尤其是和大学生创业团队的沟通中，除了关于项目内容的讨论外，关于个人状态的陈述中，出现频率最高的主题词，第一个是"累，好累"，第二个则是"感觉时间不够用"（见图 4-1）。关于这两点，有很多绘声绘色的情景描述，"我在一个会议中，已经处于半睡眠状态，但我依然按照原定计划完成了路演""在完成一批产品赶制后，我在骑车回家的路上闭着眼睛睡着了，结果居然很幸运地安全地把自行车骑回家了""我感觉我每天都像在救火，总是在赶很多已经到了最后时限的工作"，诸如此类。

这种状态如果不去加以管理，对创业者个人来说，时间管理会出问题，从而引发一系列工作和生活中的问题，甚至影响个人健康；对创业

进度管理经典案例——中国某联合体承建非洲公路项目的案例分析

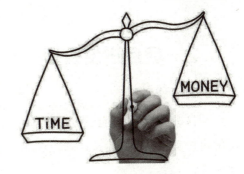

图 4-1 创业者时间管理示意图

项目来说，项目进度会出问题，轻则导致拖延，如果盲目赶工，则可能会引发包括项目质量、项目成本等更为严重的问题出现。现实中，在创业项目实施过程中，第一大问题是准备不足，即项目评估、范围管理均未得到有效实施就仓促上马，紧随其后的第二大问题就是进度拖延。

讨论

1）创业者应如何做好个人的时间管理？

2）创业项目应如何做好项目进度管理？

要点：

1）对个人能力进行准确评估；对个人有效时间进行合理计划；严格执行时间计划；对突破计划的部分及时进行调整。

2）对项目进行准确的范围管理，进行详细的工作分解；对项目所有资源，尤其是时间进行合理配置；严格执行 WBS；使用工具对项目进度进行监控；对突破计划的部分及时进行调整，保证项目按期完成。

4.2 项目进度管理

项目进度管理是指在规定的时间内，拟定出合理且经济的进度计划（包括多级管理的子计划），在执行该计划的过程中，要经常检查实际进度是否按计划要求进行，若出现偏差，便要及时找出原因，采取必要的补救措施，或调整、修改原计划，直至项目完成。

4.2.1 课堂练习卡 4-1：泡茶的流程

了解泡茶的流程并填写课堂练习卡 4-1。

课堂练习卡 4-1 泡茶的流程

所需物品	开水壶、茶壶、茶杯、茶叶
需完成任务	①洗茶杯（2 分钟）；②洗开水壶（2 分钟）；③洗茶壶（2 分钟）；④烧开水（5 分钟）；⑤泡茶（1 分钟）
流程一：　次序与用时/用时：　　　分钟	
流程二：　次序与用时/用时：　　　分钟	
流程三：　次序与用时/用时：　　　分钟	

泡茶的不同流程会产生不同的效果，用时也不一样，从中可知：

1）一般工作顺序，也是大多数人习惯采用的顺序是流水作业。

2）改变工作顺序（逻辑）会影响项目总时间（工期），某些工作决定了项目总工期，而某些（在一定范围内）不会。

3）改变每项工作持续时间会影响项目总工期。

4）经过优化（工作顺序和持续时间），可高效实施。

4.2.2 项目进度管理的主要内容

1. 项目进度管理管什么？

1）项目建设周期总进度目标的分析、论证。

2）编制项目总进度规划，在项目实施过程中控制其执行。

3）编制项目实施各阶段、各年、季、月度的进度计划，并控制其执行，必要时调整进度计划。

4）审核项目各参与方（如设计方、施工方和材料设备供货方）提出的进度计划/供货计划，检查、督促和控制其执行。

5）在项目实施过程中，每月进行计划值与实际值的比较，每月、季、年度提交各种进度控制报告和报表。

项目进度管理示意如图4-2所示。

图4-2 项目进度管理示意图

2. 项目进度管理怎么管？

1）估计每项活动的工期。

2）确定整个项目的预计开始时间和要求完工时间。

3）在项目预计开始时间的基础上，计算出每项活动必须开始和完成的最早时间。

4）利用项目的要求完工时间，计算每项活动必须开始和完成的最迟时间。

5）确定每项活动能够开始（或完成）与必须开始（或完成）时间之间的正负时差，即松弛时间。

6）确定关键（最长）活动路径。

4.2.3 项目进度管理与质量管理、成本管理的关系

进度、成本与质量并称项目管理"铁三角"（见图4-3），三者之间关系密不可分，在实际项目实施过程中，不能将三者割裂开来，必须考虑相互间此消彼长的关系，比如，成本的降低是否一定可以界定为项目利好呢？不一定，因为在资源总量不变的情况下，成本降低必然会带来项目的质量降低或者进度滞后；同样的道理，质量提高可能会带来成本增加或者进度滞后，而进度提前则有可能是成本增加或者质量降低带来的结果。

图4-3 项目进度、成本、质量关系示意图

进度管理需注意以下几个问题。

1）进度管理的目标是项目实际建设周期不超过计划建设周期，在此基础上实现最优工期，多快好省地完成任务。

2）进度管理是一个动态、循环、复杂的工程，管理工作量大，难度大，在掌握管理工具原理的基础上，有必要进行计算机辅助进度控制。

3）进度管理所依据的数学分析方法有关键线路法（Critical Path Method，CPM）、计划评审技术（Program Evaluation and Review Technique，PERT）、图示评审技术（Graphical Evaluation and Review Technique，GERT）、风险评审技术（Venture Evaluation and Review Technique，VERT）等。

4.3 工具 TC11：工作排序与优先象限管理

4.3.1 项目工作的排序依据

根据 WBS 分解形成的各项具体工作，在进行进度管理的过程中，需要首先将各项工作，尤其是技术类的工作进行排序，排序需要严格依据相关信息进行，如图 4-4 所示。

1）WBS。这是工作排序确定的基础。

2）项目范围说明书。项目的特性通常会影响工作排序的确定，在工作排序的确定过程中更应明确项目的特性。

3）强制性逻辑关系的确定。这是工作排序的基础。逻辑关系是工作之间所存在的内在关系，通常是不可调整的，一般主要依赖于技术方面的限制，因此确定起来较为明确，通常由技术人员和管理人员交流就可完成。

4）组织关系的确定。对于无逻辑关系的那些项目工作，由于其工作排序具有随意性，从而将直接影响项目计划的总体水平。这种关系的确定通常取决于项目管理人员的知识和经验，对于项目的成功实施是至关重要的。

5）外部制约关系的确定。在项目工作和非项目工作之间通常会存在一定的影响，因此在项目工作计划的安排过程中也需要考虑外部工作对项目工作的一些制约及影响，这样才能充分把握项目的发展。

6）实施过程中的限制和假设。为了制订良好的项目计划，必须考虑项目实施过程中可能受到的各种限制，同时还应考虑项目计划制订所依赖的假设和条件。

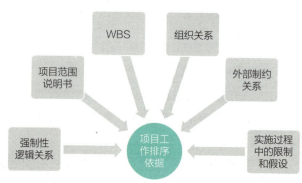

图 4-4　项目工作排序依据示意图

4.3.2 优先象限管理工具

项目实施过程中,除了技术性相关工作往往存在强制性逻辑关系外,还有大量的管理类工作和日常工作,由于不存在强制性逻辑关系,因而在管理中往往根据管理者的主观判断进行优先度排序。对于创业项目来说,创业者往往管理经验不足,有可能导致项目管理出现失误。为了帮助梳理管理类各项工作的优先度,尤其是在处理需要同时进行的管理工作时,推荐使用优先象限这一定性工具。当然,也可以通过在象限内横纵坐标上进行数量标示的方式实现定量管理的目标。

优先象限管理工具(见图4-5)说明如下。

1)横坐标从左至右,工作的紧急程度逐渐降低,纵坐标从上到下工作的重要程度逐渐减低,可以根据项目实际情况,在横纵坐标上标明刻度,适当对工作进行量化。

2)优先度排序:第一象限>第四象限>第二象限>第三象限。

3)进度管理中计划周密并严格执行,会使得项目工作尽量远离"紧急"区域,风险事件不在这个范围内。

4)出现在第三象限的事项要进行详细分析,最大可能在第三象限不消耗有限资源。

5)按计划进行的项目管理工作一般出现在第二象限,风险事件一般出现在第一象限和第四象限。

6)该工具除了用于项目实施中不包括强制性逻辑关系的管理任务的优先度排序,也可以用于项目成员个人日常工作的优先度排序。

7)在创业项目团队成员日常工作管理中,非常推荐使用该工具进行个人时间的有效管理。

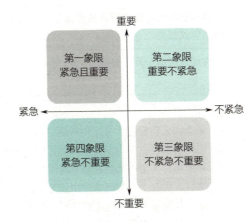

图4-5 优先象限排序示意图

4.3.3 课堂练习卡 4-2：使用优先象限管理工具对时间进行归类

要求：将课堂练习卡 4-2 中每组类似事件归入优先象限管理中的对应象限，每组包括四个事件，一一对应于四个象限，完成后试分析原因。

课堂练习卡 4-2　使用优先象限管理工具对时间进行归类

事件组	第一象限	第二象限	第三象限	第四象限
项目会议：A 项目组每周例会；B 项目组风险应对会；C 项目第一阶段完成总结会；D 庆功会				
个人职业规划：A 英文能力提高；B 考取职业资格证书；C 完成手头工作；D 开发客户并保持客户黏性				
项目报告：A 阶段性成本核算报告；B 月度项目报告；C 收到的样品合格度检验报告；D 例会会议报告				
男性周末时间分配：A 陪太太逛街；B 陪丈母娘逛街；C 陪女朋友逛街；D 陪女客户逛街				

提示：
1）紧急和重要程度本身是相对的，不是一个绝对值，所以管理没有绝对的最优方案
2）同样的事件，在与不同事件对比中，可能所处的象限位置会发生变化
3）对于项目实施中需要在同一时间同时处理的事件，优先度排序中还是应该首先考虑"紧急"程度
4）项目成员在个人时间管理中借鉴使用这一工具时，也要从阶段性目标出发，对事件所属区域进行判断
5）该工具侧重于事件的定性分析，技术性事件的优先度排序需要参考本书 4.3.1 节中列举的相关资料，进行量化分析
6）该课堂练习卡适用于创业项目规模不大、团队成员人数较少、项目复杂程度低的项目，优点是简单明了，易学易用，缺点则是精确度不够

4.4 工具TC12：单代号网络图

4.4.1 网络图

网络计划技术是一种以网络图形来表达计划中各项工作之间相互依赖、相互制约的关系；分析其内在规律，寻求最优方案的计划管理技术。网络图是由箭线和节点组成的，用来表示工作的开展顺序及其相互依赖、相互制约关系的有向、有序的网状图形。

网络图在项目的进度管理中可以起到非常重要的作用，具体作用如下。

1）能全面而明确地反映出各项工作之间开展的先后顺序和关系。
2）可以进行各种时间参数的计算。
3）能在工作繁多、错综复杂的计划中找出影响工程进度的关键工作和关键线路，便于管理者抓住主要矛盾，集中资源，避免盲目施工。
4）利用网络计划中反映出的各项工作的时间储备，可以更好地调配人力、物力，以达到降低成本的目的。
5）可以利用计算机进行计算、优化、调整和管理。
6）网络图包括单代号网络图和双代号网络图两种，在实际项目操作中，双代号网络图的使用频率更高。

4.4.2 单代号网络图法

单代号网络图法又称为顺序图法（Precedence Diagramming Method，PDM），节点法（Activity On Node，AON），它的特点是用节点代表活动，用箭线表示各个活动之间的关系，如图4-6所示。

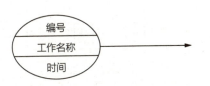

图4-6 单代号网络图图标

1）箭线（Arrow）：箭线既不占用时间，也不消耗资源。箭线仅用来表示工作之间的顺序关系。
2）节点（Node）：节点代表一项工作（节点代号、工作名称、作业时间都标注在节点圆圈或方框内），需占用一定的时间和资源。
3）线路：从网络图的开始节点到结束节点，沿着箭线的指向所构成的若干条通道即为线路。
4）优点：可以方便地表示活动之间的各种逻辑关系。

4.4.3 单代号网络图的绘制方法与规则

单代号网络图的绘制方法与规则见表4-1。

表4-1 单代号网络图的绘制方法与规则

图示	含义	绘制规则
 A→B	结束—开始：A必须结束，B才能开始	网络图中只允许出现单头箭线 网络图中不能有循环回路 网络图中不能出现无节点的箭线 网络图中只能有一个起始节点和一个终止节点 网络图中的箭线要尽量避免交叉
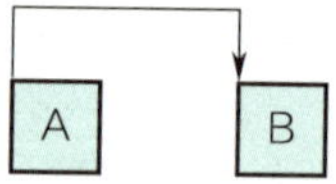 A　B	开始—开始：B开始前A必须开始	
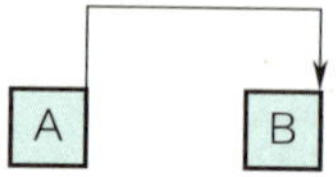 A　B	结束—结束：A结束前B必须结束	
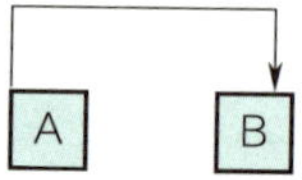 A　B	开始—结束：B结束前A必须开始	

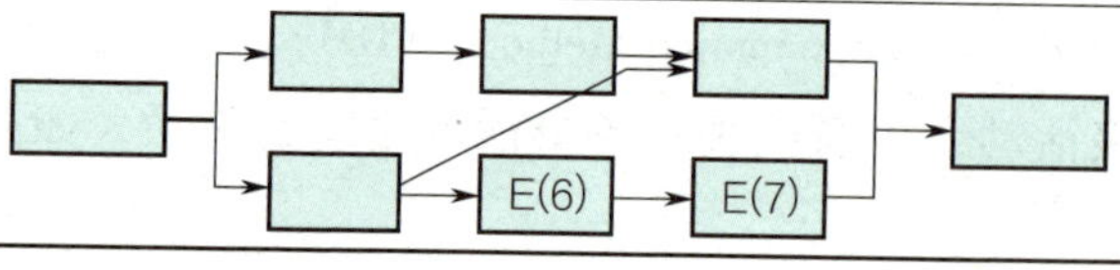

4.4.4　课堂练习卡 4-3：绘制单代号网络图

已知各项工作之间的逻辑关系如课堂练习卡 4-3 所示，请绘制单代号网络图。

课堂练习卡 4-3　绘制单代号网络图

序号	工作名称	紧前工作
1	问题界定	——
2	研究现有系统	1
3	确定用户需求	1
4	逻辑系统设计	3
5	实体系统设计	2
6	系统开发	4，5
7	系统测试	6
8	转换数据库	4，5
9	系统转换	7，8

4.5 工具 TC13：双代号网络图

4.5.1 双代号网络图三要素

双代号网络图法，又称箭线法（Arrow Diagramming Method，ADM），由工作、节点、线路三个基本要素组成如图 4-7 所示。

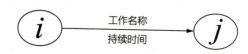

图 4-7 双代号网络图示意

1. 工作

工作指可以独立存在，需要消耗一定时间和资源，能够定以名称的活动；或者只表示某些活动之间的相互依赖、相互制约的关系，而不需要消耗时间、空间和资源的活动。工作包括"实工作"（需要消耗时间和资源的工作，或者只消耗时间而不消耗资源的工作）和"虚工作"（不需要消耗时间和资源、不占空间的工作，仅表示逻辑关系）两种，具体关系见表 4-2。

表 4-2 双代号网络图工作关系列表

类别	工作的先后关系	双代号网络图示方法
实工作	紧前工作	○—A→○—B→○
	紧后工作	
	先行工作	○—A→○—B→○—本工作→○ ⇒ C→○ / D→○
	后续工作	

(续)

类别	工作的先后关系	双代号网络图示方法
实工作	平行工作	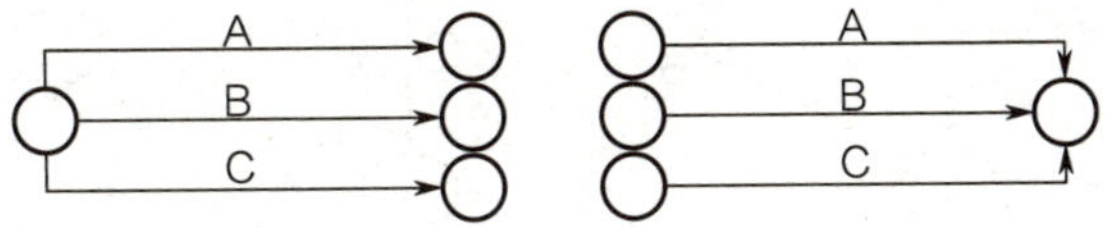
虚工作	交叉点出现 (如：AB 完成后 C 开始，B 完成后 D 开始)	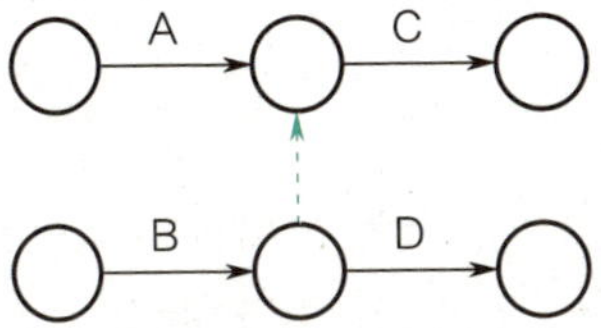
虚工作	分叉点出现 (如：A 完成后 B 开始，AC 完成 D 开始)	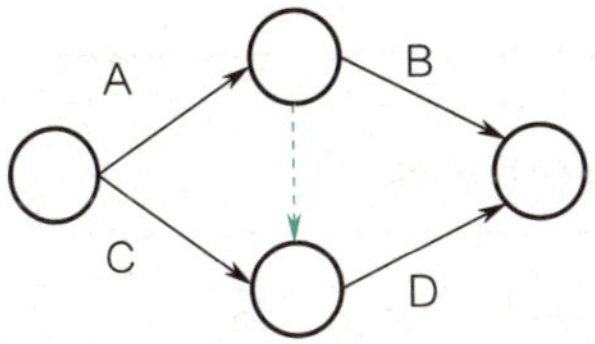

2. 节点

节点，指网络图的箭线进入或引出处带有编号的圆圈。它表示其前面若干项工作的结束，或表示其后面若干项工作的开始。它不消耗时间和资源；标志着工作的结束或开始的瞬间；两个节点编号表示一项工作。

双代号网络图节点示意如图4-8、图4-9所示。

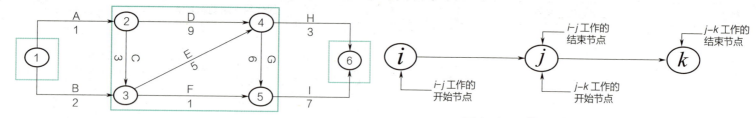

图4-8 双代号网络图节点示意（1）
1：起始节点；2~5：中间节点；6：终点节点

图4-9 双代号网络图节点示意（2）

3. 线路

线路指网络图中从起点节点开始，沿箭线方向连续通过一系列箭线与节点，最后到达终点节点的通路，分为关键线路与非关键线路，两者的对比如表4-3所示。线路时间（长度）是指线路所包含的各项工作持续时间的总和。

表4-3 关键线路与非关键线路对比

关键线路： 在网络图中线路持续时间最长的线路	非关键线路： 除关键线路外的其他线路
1）线路长度代表整个网络计划的计划总工期 2）关键线路上的工作都称为关键工作 3）关键线路没有时间储备，关键工作也没有时间储备（无总时差和自由时差） 4）在网络图中至少有一条关键线路 5）当管理人员采取某些技术组织措施时，缩短关键工作的持续时间，就可能使关键线路变为非关键线路	1）线路时间只代表该条线路的计划工期 2）非关键线路上的工作，除了关键工作之外，都称为非关键工作 3）非关键线路有时间储备，非关键工作也有时间储备 4）在网络图中，除了关键线路之外，其余的都是非关键线路 5）当管理人员由于工作疏忽，拖长了某些非关键工作的持续时间，就可能使非关键线路转变为关键线路

在图 4 - 10 所示的双代号网络图中，根据每项工作的时间，我们可以计算得出线路时间，其中

A - E - H：4 + 9 + 3 = 16

C - G - M：5 + 6 + 5 = 16

A - D - M：4 + 7 + 5 = 16

三条线路的总时长都是 16，如果按总时长来确定关键线路，则本图中共有 3 条关键线路；其余则为非关键线路。

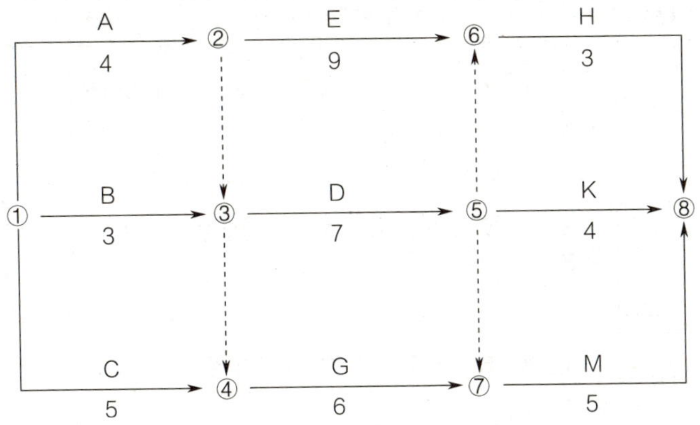

图 4 - 10　双代号网络图关键线路图示

4.5.2　双代号网络图的逻辑关系表示

1. 常用的双代号网络图逻辑关系表示列表

常用双代号网络图逻辑关系表示列表见表 4 - 4。

表 4 - 4　常用双代号网络图逻辑关系表示列表

序号	工作间逻辑关系	双代号网络图表示方法	说明
1	A、B 两项工作依次施工		A 制约 B 的开始，B 依赖 A 的结束
2	A、B、C 三项工作同时开始施工	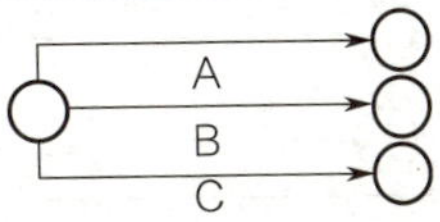	A、B、C 三项工作为平行施工方式
3	A、B、C 三项工作同时结束	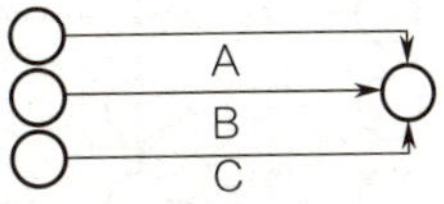	A、B、C 三项工作为平行施工方式

(续)

序号	工作间逻辑关系	双代号网络图表示方法	说明
4	A、B、C 三项工作，A 结束后，B、C 才能开始		A 制约 B、C 的开始，B、C 依赖 A 的结束，B、C 为平行施工
5	A、B、C 三项工作，A、B 结束后，C 才能开始		A、B 为平行施工，A、B 制约 C 的开始，C 依赖 A、B 的结束
6	A、B、C、D 四项工作，A、B 结束，C、D 开始		引出节点，正确地表达了 A、B、C、D 之间的关系
7	A、B、C、D 四项工作，A 完成后，C 才能开始，A、B 完成后，D 开始		引出虚工作，正确地表达它们之间的逻辑关系
8	A、B、C、D、E 五项工作，A、B、C 完成后，D 才能开始，B、C 完成后，E 才能开始		引出虚工作，正确地表达它们之间的逻辑关系
9	A、B、C、D、E 五项工作，A、B 完成后，C 才能开始，B、D 完成后，E 才能开始		B 工作同时制约 C 工作和 E 工作，绘制时需要将其放置于两项工作中间，正确表达 B、C、E 三项工作之间的逻辑关系

2. 双代号网络图的绘制规则

1）严禁出现循环回路。
2）严禁出现双箭头或无箭头连接，严禁出现没有箭头节点和没有箭尾节点的箭线。
3）两个节点只能表示一项工作。
4）在网络图中，箭线尽量避免交叉，如不可避免，则采用过桥法或指向法。
5）只允许有一个起始节点和一个终点节点。
6）网络图中不允许出现中断的线路。
7）箭线采用直线或折线，避免采用圆弧线。
8）箭线的长短与所表示工作的持续时间无关。
9）箭线方向应按从左向右趋势，顺着项目进展方向。
10）双代号网络图中节点必须编号，不能重复，箭尾节点标号小于箭头节点标号，标号可采用连续或非连续编号的方式。
11）大型复杂项目网络图可分成几部分画在几张图纸上，分断处选择箭头与节点较少的位置，且要重复标出被切断处的节点标号。

3. 双代号网络图常见绘制错误

双代号网络常见绘制错误见表4-5。

表 4-5 双代号网络图常见绘制错误

序号	常见错误	错误图示	修改图示	序号	常见错误	错误图示	修改图示
1	出现带双向箭头或无箭头的连线	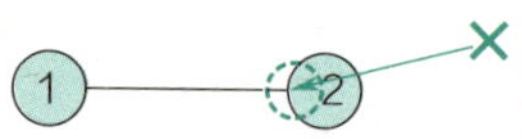		5	在箭线上引入或引出箭线	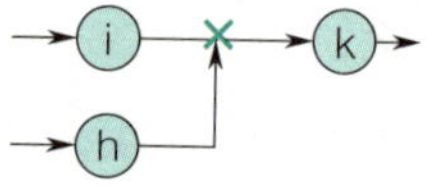	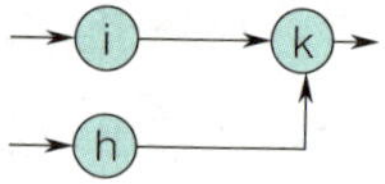
2	出现循环线路	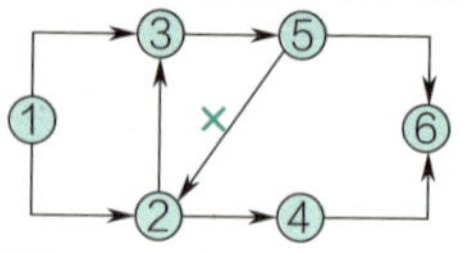	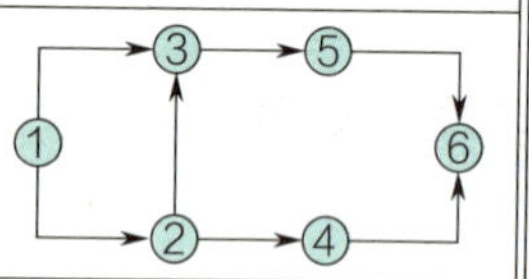	6	出现编号相同的节点或工作	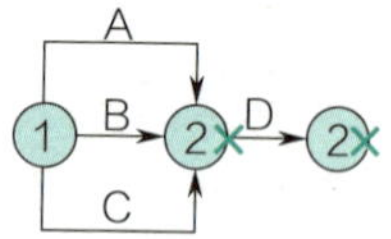	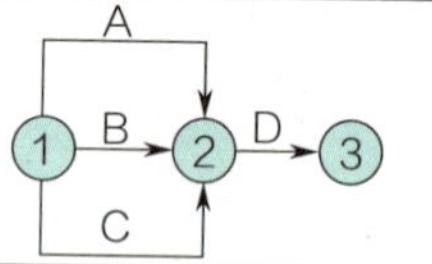
3	箭线不宜交叉；当交叉不可避免时，可用过桥法或指向法	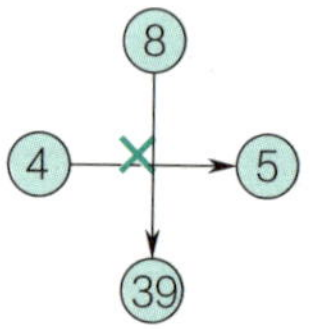	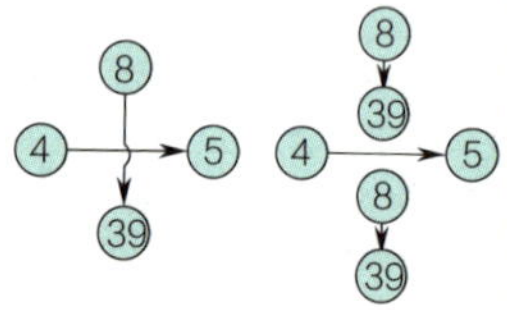 （1）过桥法　（2）指向法	7	箭头指向左方或箭头偏向左方的斜向箭线	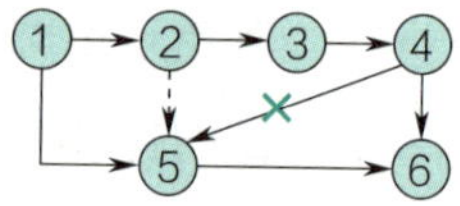	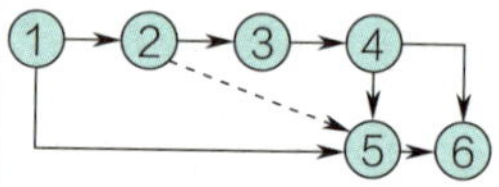
4	有超过一个起点或者超过一个终点	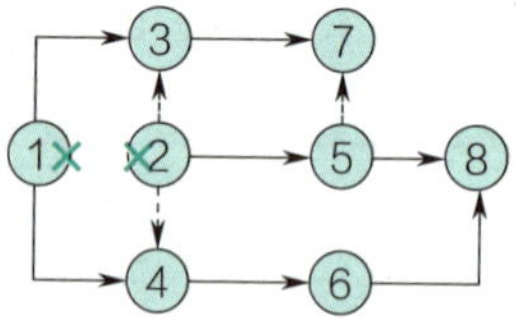	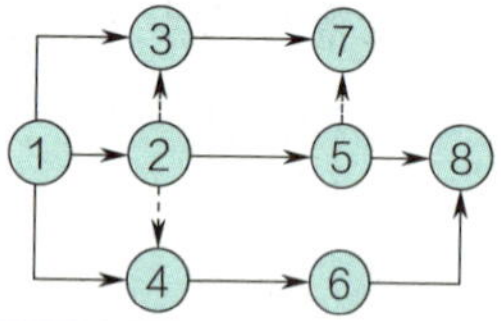	8	使用不必要的虚箭线	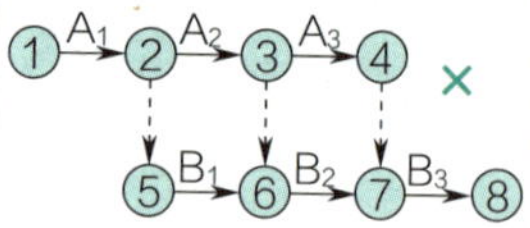	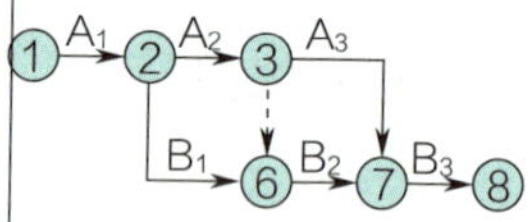

4.5.3 双代号网络图的绘制步骤

当已知每一项工作的紧前工作时，可按图 4-11 中所列步骤绘制双代号网络图；当已知每一项工作的紧后工作时，按类似的方法绘制，只是其绘图顺序由前述的从左向右改为从右向左。

Step1：绘制没有紧前工作的工作箭线，使他们具有相同的开始节点，以保证网络图只有一个起点节点。

Step2：依次绘制其他工作箭线。这些工作箭线的绘制条件是其所有紧前工作都已经绘制出来了。

Step3：当各项工作箭线都绘制出来之后，应合并那些没有紧后工作箭线的箭头节点，以保证网络图只有一个终点节点。

Step4：当确认所绘制的网络图正确后，即可进行节点编号。网络图的节点编号在满足前述要求的前提下，即可采用连续的编号方法，也可采用不连续的标号方法，如1、3、5……，以避免以后增加工作时而改动整个网络图的节点编号。

图4-11 双代号网络图绘制步骤

4.5.4　课堂练习卡4-4、4-5、4-6：绘制双代号网络图

课堂练习卡4-4、4-5、4-6展示了各项工作之间的逻辑关系，请据此绘制双代号网络图，并在节点编号。

课堂练习卡4-4　绘制双代号网络图（1）

工作	A	B	C	D	E	F
紧前工作	—	—	—	A、B	A、B、C	D、E

步骤：
1）根据工作间逻辑关系绘制草图，尽量使用直线
2）根据工作进行的先后顺序，在各个节点编号
3）检查，成图

答案：

课堂练习卡4-5　绘制双代号网络图（2）

工作	A	B	C	D	E
紧前工作	—	A	A	A、B	B

步骤：
1）根据工作间逻辑关系绘制草图，尽量使用直线
2）根据工作进行的先后顺序，在各个节点编号
3）检查，成图

答案：

课堂练习卡4-6　绘制双代号网络图（3）

工作	A	B	C	D	E	F	G	H
紧前工作	—	—	A	A、B	B	C、D	D	D、E

步骤：
1）根据工作间逻辑关系绘制草图，尽量使用直线
2）根据工作进行的先后顺序，在各个节点编号
3）检查，成图

答案：

4.5.5 双代号网络图时间参数的计算

1. 时间参数的内涵与作用

时间参数计算的目的在于确定各个节点和各项工作的时间参数，确定关键工作、关键线路以及计算工期等，为网络计划的优化、执行、控制与调整提供明确的时间依据。无时间参数的网络图只能是一个工艺和组织的流程图。

双代号网络图中时间参数的计算有很多方法，包括节点计算法、分析计算法、表上计算法、矩阵计算法、电算法等。最长被使用的是节点计算法（Calculation Method On Node），即在双代号网络计划中先计算节点时间参数，再根据节点时间参数计算工作的各项时间参数的方法。

如图4-12所示，其中节点最早时间用 ETi（Earliest Event Time）表示，是在双代号网络图中，以该节点为开始节点的各项工作的最早开始时间；节点最迟时间用 LTi（Latest Event Time）表示，是在双代号网络图中，以该节点为结束节点的各项工作的最迟完成时间；本工作持续时间用 D_{i-j}（Duration）表示。

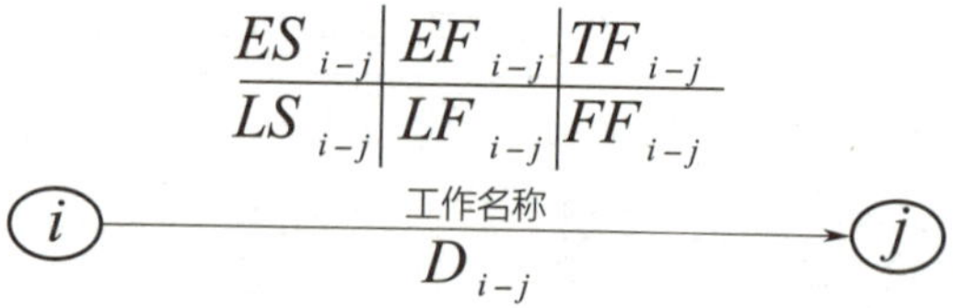

$$\begin{array}{|c|c|c|} \hline ES_{i-j} & EF_{i-j} & TF_{i-j} \\ \hline LS_{i-j} & LF_{i-j} & FF_{i-j} \\ \hline \end{array}$$

$i \xrightarrow{\text{工作名称} \atop D_{i-j}} j$

图4-12 双代号网络图中时间参数标示

在双代号网络图的时间参数中，包含"工作时间参数（本工作需要消耗的时间）"和"线路时间参数（完成本线路上全部工作所需要的时间总和)"两大类，计算时间参数的目的是为了在项目实施的过程中，对项目进度进行精细化追踪管理，并根据项目实际进度和计划进度之间的差别，有针对性地进行优化管理，从而保证项目如期完成。

2. 时间参数的内涵与计算公式

时间参数的内涵与计算公式见表4-6。

表4-6 时间参数的内涵与计算公式列表

参数类别	参数名称与代号	参数内涵	参数计算公式	说明
工作时间参数	ES_{i-j}（Earliest Start Time，工作最早开始时间）	各紧前工作全部完成后，本工作有可能开始的最早时刻	$ES_{i-j} = ET_i$	某项活动的最早开始时间必须同于或晚于直接指向这项活动的所有其他活动的最早结束时间中的最晚时间
	EF_{i-j}（Earliest Finish Time，工作最早完成时间）	各紧前工作全部完成后，本工作有可能完成的最早时刻	$EF_{i-j} = ES_{i-j} + D_{i-j}$	
	LS_{i-j}（Latest Start Time，工作最迟开始时间）	在不影响整个计划任务按期完成的前提下，本工作必须开始的最迟时刻	$LS_{i-j} = LF_{i-j} - D_{i-j}$	某项活动的最迟结束时间必须同于或早于该活动直接指向的所有其他活动的最迟开始时间的最早时间
	LF_{i-j}（Latest Finish Time，工作最迟完成时间）	在不影响整个计划任务按期完成的前提下，本工作必须完成的最迟时刻	$LF_{i-j} = LT_j$	
	TF_{i-j}（Total Float，总时差）	在不影响总工期的前提下，本工作可以利用的机动时间	$TF_{i-j} = LF_{i-j} - ES_{i-j}$	（k为j工作的紧后工作）一项工作的自由时差在计划阶段可以为其紧前工作所利用，但不可以为其紧后工作所利用
	FF_{i-j}（Free Float，自由时差）	在不影响其紧后工作最早开始时间的前提下，本工作可以利用的机动时间	$FF_{i-j} = \min(ES_{j-k} - EF_{i-j})$	
线路时间参数	T_c（Calculated Project Duration，计算工期）	根据时间参数计算所得到的工期		$T_c \leq T_p \leq T_r$
	T_p（Planned Project Duration，计划工期）	根据要求工期和计算工期所确定的，作为实施目标的工期		
	T_r（Required Project Duration，要求工期）	任务委托人所提出的指令性工期		

3. 关键线路

在双代号网络计划中，总时差最小的工作是关键工作。

关键工作的确定应按下述两种情况进行判断。

第一种：当网络计划的计划工期与计算工期相等（$T_p = T_c$）时，总时差为零时最小，总时差等于零（$TF_{i-j} = 0$）的工作为关键工作。

第二种：当网络计划的计划工期与计算工期不相等时（$T_p \neq T_c$），总时差等于计划工期与计算工期的差时为最小，总时差等于计划工期与计算工期的差（$TF_{i-j} = T_p - T_c$）的工作为关键工作。

自起点节点开始观察，到终点节点为止，全部由关键工作组成的线路为关键线路，关键线路的确定遵循以下规则。

1）在整个网络图中最长的路径就叫关键线路。

2）那些具有正总时差的路径有时被称为非关键线路。

3）总时差为 0 或负值的路径被称为关键线路，耗时最长的路径经常被称为最关键线路。

4）一个网络图中关键线路不只限于一条。

5）关键工作和关键线路在网络计划中应用粗线或双线或彩色线标注其箭线。

4. 进度优化

进度优化计算工期 T_c 大于要求工期 T_r，通过压缩关键工作的持续时间以满足要求工期目标的过程。具体优化需遵循如下步骤（见图 4-13）。

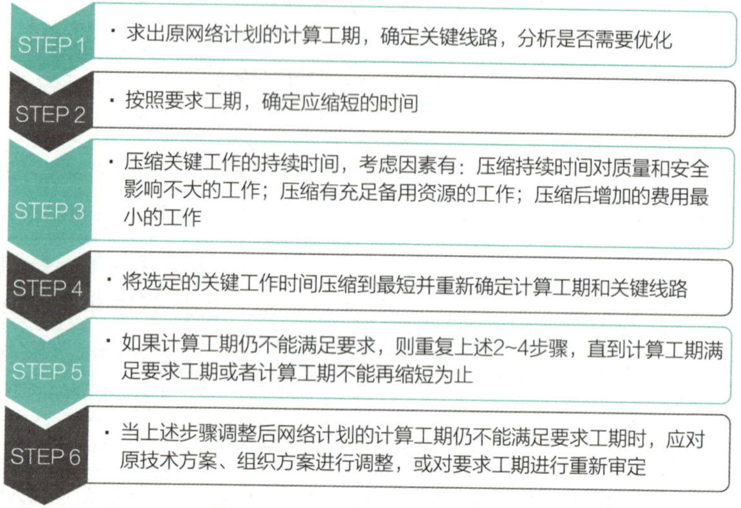

STEP 1 · 求出原网络计划的计算工期，确定关键线路，分析是否需要优化

STEP 2 · 按照要求工期，确定应缩短的时间

STEP 3 · 压缩关键工作的持续时间，考虑因素有：压缩持续时间对质量和安全影响不大的工作；压缩有充足备用资源的工作；压缩后增加的费用最小的工作

STEP 4 · 将选定的关键工作时间压缩到最短并重新确定计算工期和关键线路

STEP 5 · 如果计算工期仍不能满足要求，则重复上述 2~4 步骤，直到计算工期满足要求工期或者计算工期不能再缩短为止

STEP 6 · 当上述步骤调整后网络计划的计算工期仍不能满足要求工期时，应对原技术方案、组织方案进行调整，或对要求工期进行重新审定

图 4-13 进度优化步骤

课堂案例

在某大学生创业项目中,其中一项子项目为"市场调研报告",参与人为小深、小圳、小职、小业共4人,小深为该子项目负责人。

相关分工与每项工作的逻辑关系、估计持续时间见表4-7。

表4-7 双代号网络图课堂案例数据列表

工作		责任人	紧前工作	估计持续时间	最早时间		最晚时间		总时差
					开始	结束	开始	结束	
1	目标客户分析	小深		3					
2	起草调查问卷	小深	1	10					
3	现场测试问卷	小深	2	20					
4	意见汇总和问卷定稿	小深	3	5					
5	准备问卷发放名单	小圳	1	2					
6	问卷印刷	小圳	4	10					
7	开发数据分析软件	小职	4	12					
8	邮寄回收问卷	小圳	5、6	55					
9	软件测试	小职	7	5					
10	汇总问卷数据	小业	8、9	7					
11	分析问卷结果	小业	10	8					
12	准备撰写报告	小业	11	10					

根据该项目基本情况,完成如下任务。

1)请绘制双代号网络图。

2)根据工作参数与公式计算各项工作最早开始和最早结束时间。

3）根据工作参数与公式计算各项工作最晚开始和最晚结束时间。
4）根据工作参数与公式计算各项工作总体工作时间差。
5）根据工作参数划定关键路线。
6）假定计划工作时间为110，试试如何优化工作进度。

4.6 工具TC14：甘特图

甘特图是在20世纪初由亨利·甘特开发的。它基本上是一种线条图，横轴表示时间，纵轴表示要安排的活动，线条表示在整个期间上计划的和实际的活动完成情况。甘特图直观地表明任务计划在什么时候进行，以及实际进展与计划要求的对比。甘特图作为一种控制工具，帮助管理者发现实际进度偏离计划的情况。管理者可由此极为便利地弄清一项任务（项目）还剩下哪些工作要做，并可评估工作是提前还是滞后，或是正常进行。

甘特图的关键思想：把总的计划目标看成人们能够了解和执行的，具有相互关系的一系列计划或事件。

4.6.1 甘特图在创业项目管理中的应用

甘特图因为具备直观简明、容易掌握的鲜明特点，被广泛应用于项目管理中，可以预测时间、成本、数量及质量上的结果；也能帮助衡量人力、资源、日期、项目中重复的要素和关键的部分，还可以通过把10张甘特图集成为一张总图来掌握项目整体。

甘特图在实际使用中逐渐被开发出了多种表现形式，对于创业项目的管理来说，最常使用的是"甘特图列表"（见图4-14）

和"负荷图"(见图4-15)两种,负荷图也被认为是甘特图列表的变形,但是负荷图使得管理人员可以清晰了解人员、机器或设备的运行和闲置情况,非常明确地做出调整,比如当某一工作中心处于超负荷状态时,低负荷工作中心的员工可临时转移到该工作中心以增加其劳动力,或者,在工作可以由不同人或部门完成时,高负荷工作中心的部分工作可转移到低负荷工作中心完成,多功能的设备也可在各中心之间转移。

项目进度分析

活动 \ 项目 步骤	101						102					
	编辑加工	设计版式	制图	打印长条校样	印刷校样	设计封面	编辑加工	设计版式	制图	打印长条校样	印刷校样	设计封面
计划开始时间	2011-01-01	2011-01-08	2011-01-06	2011-01-11	2011-01-18	2011-01-15	2011-01-05	2011-01-11	2011-01-19	2011-01-08	2011-01-16	2011-01-18
计划结束时间	2011-01-07	2011-01-14	2011-01-12	2011-01-18	2011-01-22	2011-01-31	2011-01-06	2011-01-18	2011-01-24	2011-01-12	2011-01-25	2011-01-28
实际开始时间	2011-01-03	2011-01-07	2011-01-07	2011-01-10	2011-01-17	2011-01-17	2011-01-04	2011-01-10	2011-01-22	2011-01-09	2011-01-15	2011-01-19
实际结束时间	2011-01-06	2011-01-15	2011-01-13	2011-01-17	2011-01-21	2011-01-26	2011-01-06	2011-01-21	2011-01-23	2011-01-11	2011-01-26	2011-02-05
完成百分比	20%	40%	30%	50%	40%	80%	30%	70%	90%	30%	80%	70%

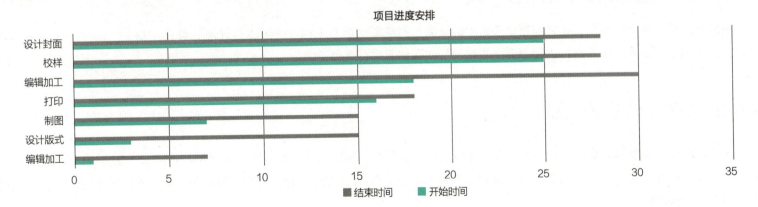

图4-14　甘特图列表示范

甘特图列表描绘的是本项工作什么时候完成，专注于解决项目整体进度的管理；而负荷图则着重于对参与该项目的所有人力资源的使用时间以及相应频率进行展示，专注于解决资源的有效使用问题。

对于创业项目来说，一般不超过 30 个工作包，可以使用微软公司的 Project 软件来体现和实现，也可以使用百会项目管理软件在线创建任务活动，自动生成甘特图，无须担心复杂计算和分析。但是甘特图在具备清晰明了、易于操作的优点的同时，缺点也是显而易见的。

- 不能反映出各项工作之间的逻辑关系。
- 不能显式描绘各项作业之间的依赖关系。
- 进度计划的关键部分不明确，难以判断主攻对象。
- 计划中有潜力的部分及潜力的大小不明确。

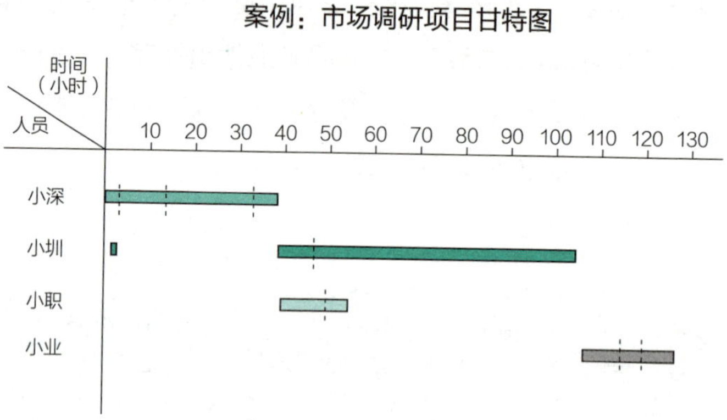

案例：市场调研项目甘特图

图 4-15　负荷图示范

相对于甘特图在反映各项工作之间逻辑关系上的缺陷，网络图恰恰与之相反，可以很好地弥补这一缺陷，所以对于创业项目来说，使用网络图或者甘特图进行进度管理要根据项目实际情况进行选择。

4.6.2　甘特图的绘制步骤

在甘特图中，横轴方向表示时间，纵轴方向并列机器设备名称、操作人员和编号等，如图 4-16 所示，图表内以线条、数字、文字代号等来表示计划（实际）所需时间，计划（实际）产量，计划（实际）开工或完工时间等。要完成甘特图的绘制，应遵循图 4-17 的步骤进行。

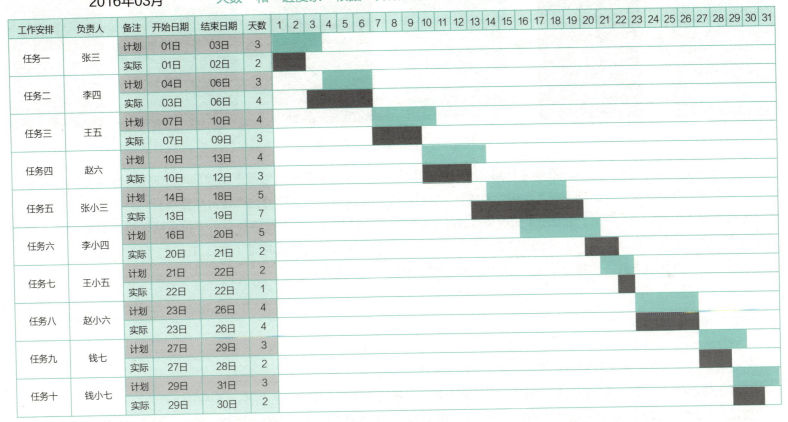

图 4-16 甘特图示例

图 4-17 甘特图绘制步骤示意

其中特别注意 STEP3 中，要保证在未来计划有所调整的情况下，各项活动仍然能够按照正确的时序进行，也就是确保所有依赖性活动能并且只能在决定性活动完成之后按计划展开，同时避免关键路径过长。关键路径是由贯穿项目始终的关键任务所决定的，它既表示了项目的最长耗时，也表示了完成项目的最短可能时间。请注意，①关键路径会由于单项活动进度的提前或延期而发生变化；②不要滥用项目资源；③对于进度表上的不可预知事件要安排适当的松弛时间（Slack Time）。但是，松弛时间不适用于关键任务，因为作为关键路径的一部分，它们的时序进度对整个项目至关重要。

4.6.3 旧木板房刷漆项目

假设有一座陈旧的矩形木板房需要重新油漆。（任务定义）

这项工作必须分三步完成：首先刮掉旧漆，然后刷上新漆，最后清除溅在窗户上的油漆。（任务分工）

假设一共分配了 15 名工人去完成这项工作，然而工具却很有限：只有 5 把刮旧漆用的刮板，5 把刷漆用的刷子，5 把清除溅在窗户上的油漆用的小刮刀。（资源限制）

各道工序估计需用的时间见表 4-8。

表4-8 各道工序估计需用的时间（小时）

	刮旧漆	刷新漆	清理
1 或 3	2	3	1
2 或 4	4	6	2

有几种方案完成该项目任务？

通过对该项目进度进行管理，哪种方法的效率最高？

（1）方法一：基本法

先刮掉四面墙上的旧漆，然后给每面墙壁都刷上新漆，最后清除每个窗户上的油漆。效率最低，任何时候都有10名工人没活干闲着。

（2）方法二：流水作业法

先由5名工人刮第一面墙上的旧漆（其余10名休息），当第一面刮净后，另外5名工人立即用刷子给这面墙刷新漆（同时5名工人转去刮第二面墙上的旧漆），第二面墙刷完后，余下的5名工人去清除第一面墙窗户上的油漆……。这样大部分时间每个工人都有活干，能在较短的时间内完成任务。

图4-18是对于这一案例中第二种流水作业的方法，通过甘特图将项目的进度做了可视化呈现。通过甘特图，可以清晰地看到在整个项目实施的过程中，哪些团队在哪些时间段是空闲的，将空闲的人力资源做转化，如清理小组在空余时间可以去协助刷

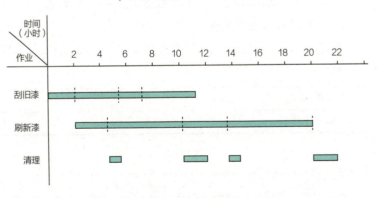

图4-18 旧木板房刷漆项目甘特图

新漆小组，而工具的缺失是实现这个转化的限制，这时需要去衡量人力资源成本和设备成本之间的优劣关系，也就是再去买几把新刷子的成本，和可以节约的刷新漆的工人工资，两者之间的数量对比就会决定最终项目实施中，应进行怎样的资源调整，也决定了最终项目完成所需要的时间。

4.7 思考与练习

4.7.1 问答题

1. 用单代号网络图和双代号网络图表述下列工作关系。
   A 工作是 B 工作的紧前工作，或 B 是 A 的紧后工作。
2. 用单代号网络图和双代号网络图表述下列工作关系。
   多个紧前紧后工作情况。
3. 根据练习 1~4 各项工作之间的逻辑关系，试绘制双代号网络图。

练习1：

工作	A	B	C	D	E	F	G	H	I
紧前工作		A	A	B	C	C	DE	F	GH

练习2：

工作	A	B	C	D	E	F	G
紧前工作			A	BC	BC	DE	E

练习3：

序号	工作代号	工作名称	紧后工作
1	A	婚礼预约	C，D，E
2	B	婚礼场地与人员预约	F，G
3	C	婚礼各项职务负责人确定	G
4	D	婚礼化妆与服饰预约	I
5	E	婚宴预约与道具购置	I
6	F	主题与伴郎伴娘确定	H
7	G	婚礼场景布置与规划	H
8	H	婚礼当天操作流程制作	I
9	I	财务费用合计与支出状况	——

练习4：

在双代号网络图中，预算工期为40天，各项工作逻辑关系与估计持续时间如图4-19所示。请标出各项工作的紧前工作，计算各项工作的ES、EF、LS、LF及TF、FF，并找出该项目的关键路径。如果该项目要将工期调整为33天，应该怎么进行进度优化？

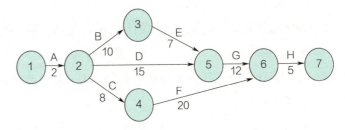

图4-19 各项工作逻辑关系与估计持续时间

工作代号	紧前工作	持续时间/天	ES	EF	LS	LF	TF	FF
A	—	2						
B	A	10						
C	A	8						
D	A	15						
E	B	7						
F	C	20						
G	E D	12						
H	G F	5						

4.7.2 客观题

1 双代号网络图的三要素是指什么？
   A. 节点、箭杆、工作作业时间
   B. 紧前工作、紧后工作、关键线路
   C. 工作、节点、线路
   D. 工期、关键线路、非关键线路

2 在网络计划中，若某项工作的什么时间最小，则该工作必为关键工作？
   A. 自由时差　　　B. 持续时间　　　C. 时间间隔　　　D. 总时差

3 某工程计划中 A 工作的持续时间为 5 天，总时差为 8 天，自由时差为 4 天。如果 A 工作实际进度为 13 天，则会影响工程计划工期多少天？
   A. 3　　　　　　B. 4　　　　　　C. 5　　　　　　D. 10

4 如果 A、B 两项工作的最早开始时间分别为 6 天和 7 天，它们的持续时间分别为 4 天和 5 天，则它们共同紧后工作 C 的最早开始时间为多少天？

A. 10 天　　　　B. 11 天　　　　C. 12 天　　　　D. 13 天

5　某工程网络计划在执行过程中，某工作实际进度比计划进度拖后 5 天，影响工期 2 天，则该工作原有的总时差为多少天？

A. 2 天　　　　B. 3 天　　　　C. 5 天　　　　D. 7 天

6　双代号网络图中的虚工作有什么特点？

A. 既消耗时间，又消耗资源　　　　B. 只消耗时间，不消耗资源

C. 既不消耗时间，又不消资源　　　　D. 不消耗时间，又消耗资源

7　利用工作的自由时差，其结果是什么？

A. 不会影响紧后工作，也不会影响工期　　　　B. 不会影响紧后工作，但会影响工期

C. 会影响紧后工作，但不会影响工期　　　　D. 会影响紧后工作和工期

8　甘特图的优点不包括什么内容？

A. 表达直观　　　　B. 工作间逻辑性一目了然

C. 可以变形为负荷图　　　　D. 绘制相对简单，容易掌握

9　甘特图的横轴表示什么意思？

A. 工作　　　　B. 时间　　　　C. 人力资源　　　　D. 成本

10　甘特图绘制步骤中确定关键路径长短的是在第几个步骤？

A. 一　　　　B. 二　　　　C. 三　　　　D. 四

参考答案

1	2	3	4	5	6	7	8	9	10
C	A	B	C	B	C	A	B	B	C

第 5 章
创业项目质量管理

 | 核心理念顺口溜 |

项目质量管理对象是内在、外在、经济、商业和环保五大质量体系，
项目质量管理的标准是客户的满意度，
项目质量管理中预防重于检查，
项目质量管理没有最好只有更好，
人、材料、方法、环境、设备五大因素对质量产生影响，
控制流程是有效的质量管理方法，
PDCA 是循环改进质量管理的有效工具，
检查表法因其简便易行在实践中广泛应用，
最重要的一点，
应用二八法则，在资源有限的情况下集中解决主要问题。

5.1 案例导入

经典案例 从质量管理角度分析三鹿奶粉三聚氰胺恶性事件缘由

三鹿集团位于中国河北省石家庄市，曾经是我国最大的奶粉制造商，其产品包括9大系列278个品种，产销量连续十五年居全国第一，市场份额达18%。在2006年《福布斯》杂志评选的"中国顶尖企业百强"中，三鹿集团位居乳品行业第一位，其不少产品都属于"国家免检"。2007年，三鹿集团销售收入突破100亿元大关，9月2日中央电视台《每周质量报告》播出了特别节目"中国制造"首集《1100道检测关的背后》，报道了三鹿奶粉出厂前要经过1100道检测检验，对于三鹿奶粉的质量管理体系给予了高度评价。

在众多荣誉簇拥下的三鹿，2008年9月份曝光了毒奶粉事件，顿时全国哗然一片，国务院责成河北省对三鹿发出停产的命令，政府全面调查三鹿奶粉污染事件。随着调查的深入，逐渐发现三鹿奶粉出现的严重质量问题绝非偶然，背后的质量管理诸多环节都出现了问题。奶源供应商为了让蛋白质含量顺利通过检验而人为添加三聚氰胺只是导致质量事故的第一个环节，如果在之后加工的任何一个环节加强检测和管理，这一问题都不会最终导致严重的质量事故，但是，三鹿在市场份额急剧扩大的时期，为了保证产品供应不出问题，对已经发现的问题没有及时处理，而是"睁一只眼闭一只眼"，放任这些不合格产品流入市场；在因产品质量产生实际婴幼儿危害的初期阶段，如果三鹿进行了及时的风险管理，迅速召回产品，严格进行内部整顿，这起因三聚氰胺引起的恶行事件不会发展成如此大范围的恶行社会事件，但是，在接到部分消费者投诉"有部分婴幼儿食用该集团生产的婴幼儿系列奶粉后尿液中出现红色沉淀物等症状"后，三鹿没有通过正确的渠道解决问题并进行内部整改，反而是"悄悄沟通"，试图私了，导致食用三鹿奶粉的婴儿中出现了大规模的泌尿结石症状的患儿。直至2008年5月，病例报告呈急剧上升趋势，三鹿集团才开始在高层会议中讨论这一问题。

但是为时已晚!

2008年9月17日国家质检总局发布公告,决定撤销石家庄三鹿集团股份有限公司免检资格和名牌产品称号。公告称,鉴于石家庄三鹿集团股份有限公司发生重大食品质量安全事故,决定撤销石家庄三鹿集团股份有限公司生产的"三鹿"牌婴幼儿配方乳粉、乳粉、灭菌奶免检产品资格和名牌产品称号。2009年2月12日,石家庄市中级人民法院发出民事裁定书,正式宣布三鹿集团破产。

点评

1) 质量无小事!任何项目都需要关注质量问题。
2) 质量存在于任何项目中!一种错误的认识,认为只有和人的生命息息相关的,比如食品类生产型项目中,才要注意"质量",其他项目则没有那么严重,比如现在大学生创业中比较流行的"文创类"项目,似乎就不用去关注质量问题,这种认识是非常有害的。
3) 质量管理贯彻于整个项目管理的始终,必须有明确的质量管理要求和管理体系,而不能等到出了质量事故才进行管理,这就本末倒置了。

创业案例

你说的"质量好",究竟指的是什么?

以下是关于"质量"的几则日常对话,分析一下,其中对于"质量"的定义是不是都一样呢?

【对话一】

甲:你看我新买的连衣裙,是不是很时尚?是最新款的哦。

乙:嗯,样子还行,不过质量好像不怎样,洗几次估计就该缩水了。

甲:……

【对话二】

甲:我刚买了辆车,日系的,不错吧?

乙：日本车质量不好。

甲：那要看怎么比，一样价钱里，日系车算不错了。

乙：嗯，这么看的话，那也算是质量不错了。

【对话三】

甲：你为什么不愿意买这个牌子的牛仔裤？很多人都喜欢买，物美价廉，版型还好。

乙：这个品牌因为环保不达标，领了罚单，还被罚款。我们天天说要保护地球，不支持这样质量不好的产品，就是从行动上保护地球。

【对话四】

甲：你新房子准备配什么家电呢？

乙：全套海尔的，家电很容易出故障，海尔的售后特别好，我就是看中这一点，整体来说质量比较好。

 日常生活中使用的"质量"，更多侧重于产品的内在品质，而广义的产品质量，不只包括内在质量，也包括外在特性、性价比、附加服务等内容，甚至包括环保性。

5.2 项目质量管理的内涵

5.2.1 质量的内涵

美国的质量管理专家朱兰认为："质量就是产品的适用性，即产品在使用时能够满足用户需要的程度。"简单地说，质量特性就是产品或服务满足人们明确或隐含需求的能力、属性和特征的总和。

如图5-1所示，质量的内涵"五位一体"，包括内在质量特性、外在质量特性、经济质量特性、商业性质特性、环保质量特性五个方面。对产品或服务的质量评价基于这五个内涵展开，因而，在项目的质量管理中，应该按计划全面提升产品或服务的整体质量水平，只注重其中部分内涵而忽略其他，会形成产品或服务的短板，最终影响其市场表现。

在项目管理的学科中，"质量"的内涵不同于生活中比较随意理解和定义的内涵，生活中一般会侧重于产品的内在质量特性，比如买衣服会认为材质好才是"质量好"，而款式好则不是"质量好"，这是以偏概全的一种认知，在学习项目管理的过程中，首先要去掉之前对于"质量"内涵的这些有偏差的认知。

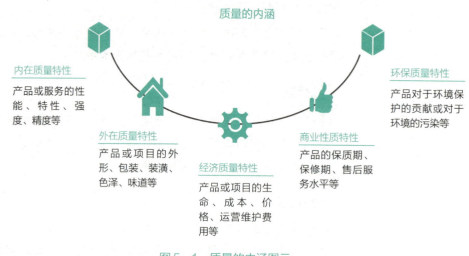

图5-1 质量的内涵图示

5.2.2 项目质量管理

ISO 9000质量管理体系标准对质量管理的定义是：质量管理就是确定质量方针、目标和职责，并在质量体系中通过诸如质量策划、质量控制、质量保证和质量改进使其实施的全部管理职能的所有活动。这里涉及两个管理对象，即"项目质量管理"和"项目产品质量管理"，两者区别见表5-1。

表 5-1 "项目质量管理"和"项目产品质量管理"的区别

特性/名称	项目质量管理	项目产品质量管理
对象	项目本身	项目输出的产品/服务
评估方法	项目管理标准	产品/服务标准
管理过程	项目运行全过程	
管理工具	PDCA 为基础的系列质量管理工具	
衡量标准	项目目标是否达成 （项目范围说明书中的目标表述内容是否顺利达成）	产品/服务对象是否满意 产品/服务是否达到相关标准要求 项目是否实现盈利
本课程学习对象	两者兼顾 在管理工具的选择和介绍中，针对项目产品质量管理进行；所有工具都可以用来进行项目质量管理	

5.2.3 项目质量管理的四大核心理念

项目质量管理须遵循四大核心理念，制订和实施质量管理计划也应遵循核心理念，如图 5-2 所示。

图 5-2 项目质量管理核心理念图示

1. 匹配项目目标

根据项目范围说明书的内容，正确理解项目目标，继而设法满足项目目标需求，是进行项目质量管理的核心理念之一。质量管理并非一味追求超高品质的产出，收益与成本成正比，而项目的特性之一就是其资源的有效性。因此，如何使用有效的资源，通过科学的管理，去匹配项目要求的目标，才是质量管理的方向。当然，项目质量即使是在有限的资源条件下，也可以通过改进管理手段和方法做得越来越好，质量改进永无止境，在质量管理实践中，应广泛使用PDCA（Plan-Do-Check-Action，计划—执行—检查—行动）循环管理工具，树立持续改进的思想。

2. 预防重于检查

项目质量管理中所采取的所有措施的目的，应该都是为了预防出现质量失控事件，保证项目质量在应有范围之内，预防可能影响项目质量的因素出现；而非传统的质量管理理念认为的"检查是质量管理中非常重要的环节"。

3. 明确归责机制

质量管理是全体员工的职责，其中项目管理者应负主要责任，管理者应为项目提供良好的管理、沟通、政策、文化、技术环境及所需的资源。在设定质量管理计划时，明确归责机制非常重要。

4. 遵循"帕累托原则"

影响项目质量的因素千头万绪，在实际过程中往往不知从何入手，但如果能找到若干影响较大的原因，它们往往只占所有原因的一小部分，如20%，并加以控制及处理，就可以解决80%以上的问题，这就是"帕累托原则"在项目质量管理中的应用。贯彻这一原则，即可抓住项目质量管理中的主要矛盾，将有限的资源用于可以高效改善项目质量的方面。

5.2.4　工具TC15：影响项目质量管理的因素

在项目质量管理过程中，需要考虑的因素包括"4M1E"，即人（Man）、材料（Material）、设备（Machine）、方法（Method）、环境（Environment）五个方面，这五个因素各自会对项目整体质量产生影响，同时五个方面相互作用形成整体，决定项目完成的最终质量，如图 5-3 所示。

人（Man）：人是影响项目质量的第一因素，领导者的素质，团队的精神，个人的能力、意识、观念、行为等，都会对项目的质量管理产生直接的影响。

材料（Material）：材料来源及品质等将影响项目的质量，在项目所需的材料选择上，应使用专业化企业的产品，需要关注项目相关材料质量标准、材料质量的检（试）验、材料的选择和使用要求等。

设备（Machine）：设备的新旧程度、维修保养状况、运行时间的长短等都会影响项目的质量，对设备的选型、设备的主要性能参数、设备的使用、操作要求等都要有严格清晰的标准。

方法（Method）：设计方法、施工工艺方法的正确性等对项目质量会有很大的影响，具体包括技术方案、工艺流程、组织措施、检测手段、施工组织设计等内容。

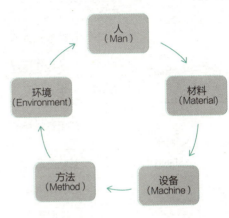

图 5-3 影响项目质量管理的因素图示

环境（Environment）：由于自然环境的多边形、地质条件的不确定性等对项目质量的影响，有些时候是不能忽视的，需要考虑的还有管理环境和劳动环境等因素。

对创业项目来说，要在项目开始执行前准确分析现有资源的基础上，厘清每个因素可能对项目质量管理产生的积极或者消极的影响，从源头上制订扬长避短的质量管理方案，从而最大可能保证项目实施的最终质量。

5.2.5　课堂练习卡 5-1：影响项目质量管理因素评估表

课堂练习卡 5-1 为影响项目质量管理因素评估表。建议创业项目进行质量管理设计前，填写该表格，进行相关要素的初级评估。

课堂练习卡 5-1　影响项目质量管理因素评估表

类别		得分（0~10）	管理工具/方法	备注
人 （Man）	团队领袖素养			
	团队协作精神			
	个人能力			
材料 （Material）	使用材料标准			没有标准为0，有标准按照达标情况，符合标准为10
	材料筛选流程			
	材料使用规范			
设备 （Machine）	新旧程度			全新为10，逐次递减
	保养计划			
	操作要求			
方法 （Method）	设计/施工/工艺方法			是否符合行业标准/国家标准，如有，符合为10，逐级递减
	检测/检验/验收流程			没有为0，逐级递增
环境 （Environment）	自然环境			
	管理环境			完全符合项目要求为10，逐级递减
	劳动环境			

5.3 工具 TC16：PDCA 循环法

PDCA 循环法，是项目质量管理中的基本工具，或称作"平台工具"，也就是说，所有其他质量管理工具均可归入 PDCA 循环法中的其中一个环节，而项目的整理质量管理通过不断循环进行的 PDCA 来达到"不断发现问题，逐步解决问题"的目标。在质量管理过程中，我们需要贯彻"没有最好，只有更好"的理念，在项目完成实施之前，质量管理必须贯彻始终，不能有丝毫松懈，更不可流于形式。

5.3.1　PDCA 循环法的内涵

如图 5-4 所示，PDCA 循环法又叫"戴明环"，它是全面质量管理所应遵循的科学程序，是质量计划的制订和组织实现的过程。PDCA 循环法作为全面质量管理体系运转的基本方法，其实施需要搜集大量数据资料，并综合运用各种管理技术和方法。

大环套小环，小环保大环，互相促进，推动大循环。

PDCA 循环法是综合性循环，4 个阶段是相对的，它们之间不是截然分开的。

图 5-4　PDCA 图示

5.3.2 PDCA 循环法的使用步骤

通过 PDCA 工具的使用，可明确项目每个阶段要实现的质量管理目标，制订明确的质量管理计划，形成针对本项目、服务、合同规定的专门的质量措施、资源和活动顺序的文件，包括实现的质量目标，应承担的工作项目、要求、责任以及完成的时间等，在计划期内应达到的质量指标和用户质量要求，计划期内质量发展的具体目标、分段进度、实现的工作内容，项目实施准备工作，重大技术改进措施、检测及技术开发等。这一阶段可以参考的资料包括项目质量方针、项目范围说明书、产品/服务参数、客观标准和规则以及其他相关资料。

PDCA 四个步骤中，根据每个步骤的具体任务，又可以分为八个详细步骤，其中，P（计划）中可以再详细分为"分析现状—找出原因—确定主要原因—制订措施"四个步骤，A（实施）中可以再详细分为"对实施结果做总结分析—未解决问题转入下一循环"两个步骤，如图 5-5 所示。

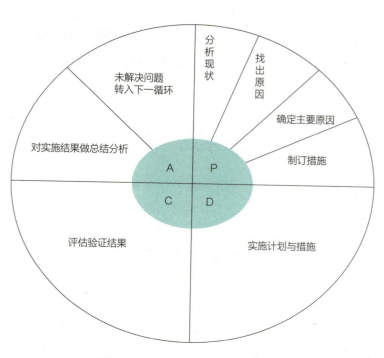

图 5-5　PDCA 使用步骤图示

5.3.3 课堂练习卡 5-2：创业项目 PDCA 循环工具表

创业团队可以使用课堂练习卡 5-2 对项目进行质量管理。

课堂练习卡 5-2　创业项目 PDCA 循环工具表

时间：　　　　　　　　　　　　　　　　编号：

步骤	项目分析	说明
步骤一：分析现状，找出问题 高效的执行力是组织完成目标的重要一环		创业项目在质量管理中面临的问题罗列，如生产设备陈旧可能导致产品不合格率升高
步骤二：分析产生问题的原因 可通过多种集思广益的科学方法进行分析		创业项目出现问题的原因可能性分析，如导致生产设备陈旧的原因可能有资金不足、重要性认识不足、指标计算错误等
步骤三：要因确认，区分主因和次因是最有效解决题目的关键		导致问题出现的主要原因，如导致生产设备陈旧的原因是项目资金不足
步骤四：拟定措施、制订计划，措施和计划是执行力的基础，尽可能使其具有可操性		即针对主要原因采取什么措施？达到什么目标？何时执行？谁负责完成？多长时间完成？完成步骤是什么？如在项目产生第一期盈利后，尽快更换设备，达到行业平均标准，该计划预计于 6 个月内完成，负责人为生产部和销售部主管
步骤五：执行措施、执行计划，实施要按计划进行		即按照上述计划进行，包括时间、负责人、执行内容等
步骤六：检查验证、评估效果，这对计划能否实施起到督促作用		即在到达计划安排的时间节点时，进行针对性检查验证评估，如是否如期更换设备，更换后的设备是否如预期提高了产品的合格率，是否还存在其他问题

（续）

步骤	项目分析	说明
步骤七：对比分析，实施结果标准化，这是项目管理中积累经验的最好方法		即对已经实施的计划进行分析，对有效部分及时进行标准化设定与推广，如以后项目中所有涉及设备更换的事项均参照此次处理流程进行
步骤八：未解决问题进入下一循环，所有问题不可能在一个 PDCA 循环中全部解决，遗留的问题转进下一个 PDCA 循环，周而复始，螺旋上升		即对仍存在的未解决问题继续进行下一轮管理，如设备更换后，需要提高操作人员的技术水平以进一步保证产品质量

5.4　工具 TC17：样板参照法

5.4.1　样板参照法的内涵

样板参照法（Benchmarking Method），就是项目管理团队通过对本行业中的优秀项目的最优质量基准及最佳绩效管理进行研究，并以此作为项目管理的标准或参照，通过资料收集、分析比较、跟踪学习等一系列的规范化程序，改进项目质量和绩效，最终赶超竞争对手，成为市场中的领先者的一种系统化的方法。

对于创业项目团队来说，因为对于项目的经验较少，在这种条件下，利用其他项目实际或计划的项目质量管理结果或计划，作为本项目的质量管理计划参照物和基准点，通过对照比较制订出本项目质量计划的方法，是一种经济实用、效率较高的做法。

可以参照的样板根据需求有不同种类，如图 5-6 所示。

- 施工样板——项目施工制作样板，以检查施工操作的质量水平。
- 工艺样板——项目采用的新工艺、特殊工艺制作工艺指导规范样板。
- 产品样板——制作项目产品、零配件的标准样本、样品。
- 员工样板——树立操作规范、技术优秀的项目实施人员榜样。
- 效果样板——项目实施成功完成后的效果样板，如建筑工程项目的样板间效果图、软件项目的演示程序、服务项目的服务示范等。

图5-6　可参照样板种类图示

5.4.2　样板参照法的使用步骤

如图5-7所示，样板参照法的使用过程中，基本逻辑是非常清晰的，即找到合适的样板，并进行适合本项目的调整后参照使用。这个工具使用过程中，最大的难点在于寻找到合适的样板，如果不能找到合适的样板，比如不同行业、不同时期、不同规模、不同创业团队等对项目造成根本性影响的因素，强行设立参照样板，会造成"南辕北辙"的不良效果，反而对项目实施产生负面效果。

图5-7　样板参照法步骤

课堂案例　大学生创业热点项目采用不恰当样板参照，会带来哪些不良后果，影响项目的发展呢？

讨论案例1：解决从校门口到宿舍的"最后一公里快递服务"项目，采用顺丰公司作为参照样板，对派送员进行服务品质管理，会产生怎样的问题？

讨论案例 2：通过自媒体进行线上销售的创业项目，采用知名直播工作室作为参照样板，对上架商品进行品质筛选，会产生怎样的问题？

讨论案例 3：个性化文创产品创业项目，采用大型制造行业，如汽车行业作为参照样板，对生产流程进行管理，会产生怎样的问题？

点评　"小马拉大车"式的样板参照是大学生创业项目管理过程中普遍出现的问题。如何找到适当的参照项目呢？建议恰当的样板搜寻渠道为：校内师兄师姐已经创设的类似项目，包括成功与失败的案例；国内其他高校已经创设的类似项目，参考已经获得成功的案例；国内该行业内最初的创业项目案例，包括成功与失败的案例；如果条件允许，也可以参考国外该行业的成功创业案例。

5.5　工具 TC18：成本/收益分析法

成本/收益分析法，也叫"经济质量法"，这种方法要求在制订项目质量计划时必须同时考虑项目质量的成本和收益问题。

任何项目的质量管理都需要开展两个方面的工作，其一是质量保障工作，其二是质量检验与恢复工作。前者产生项目质量保障成本，后者产生项目质量检验和纠偏成本。因此，项目质量计划的成本/收益法就是合理安排这两种项目质量成本，以使项目质量总成本相对最低，而质量收益相对最高的一种项目质量计划的方法。最佳质量成本模型应用如图 5-8 所示。

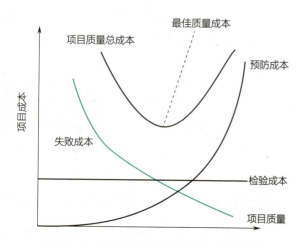

图 5-8　最佳质量成本模型应用示意图

对于创业项目来说，成本管理是和质量管理是同样重要的内容，因此，在重要的质量管理环节，通过成本/收益分析法，来确定最佳成本投入，保证在成本与收益中找到最佳平衡点，是实现项目利益最大化的基本保障。而在创业项目中，不能一味地追求质量，任何脱离成本和项目实际的质量管理计划，都是不科学的，对于项目目标的实现有害无益。创业者在创业项目管理中，切记盲目追求质量的"完美主义"心态！

课堂案例

某工厂对即将实施的针对本工厂生产中产生的环境污染进行改造的环保项目进行成本/收益分析，数据结果表明，项目成本不足400万元时，增加投入成本，除尘率会大幅提升；当项目成本共计达到400万元时，除尘率可以达到99%；继续增加成本投入，即使增加至900万元，除尘率不会产生太大波动；因此认为，400万元的成本达到99%的除尘率，是该项目的边际效应拐点。而99%的除尘率符合国家要求与行业标准，因此该项目的成本最终确定为400万元，项目实施的质量目标定为除尘率达到99%。

使用成本-收益分析法对该项目进行分析，通过绘制成本-收益分析模型（见图5-9），可以清晰地看到，在边际效应拐点之前，投入和产出形成的曲线是呈明显上升态势，这说明投入成本的增加会显著增加该项目效应；而在边际效应拐点之后，则会发现曲线上升态势明显放缓，而且越来越呈现近乎直线的状态，这说明此时通过增加投入成本的方式已经无法增加该项目除尘率，投入产出比已经近乎零。

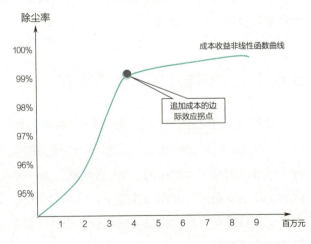

图5-9　某工厂环保项目成本-收益分析模型

5.6　工具 TC19：控制图法

控制图法，又称"管理图法"，是一种在直角坐标系中画有控制界限，反映项目随时间变化而发生项目质量变化的波动状态的图形工具，如图 5-10 所示。控制图法是一种以预防为主的质量控制方法，它利用现场收集到的质量特征值，绘制成控制图，通过观察图形来判断产品生产过程的质量状况。

这个工具适用于生产型的创业项目，可以明确量化服务效果的服务型创业项目也可以参考使用。

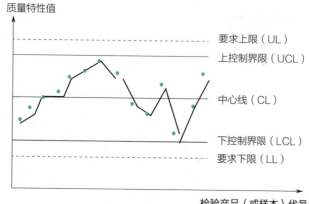

图 5-10　控制图法示例

5.6.1　控制图法的"七点规则"

控制图上中心线（CL）为质量控制平均线，上下控制界限（UCL/LCL）为质量控制的标准线，反映按时间顺序抽取的各样本统计量的数值点，上下控制界限与中心线相距数倍标准差。不同项目对于标准差的设定有所不同，"七点规则"是一种在控制图法中被普遍认可并采纳的控制规则，它的含义是指，在设定的控制界限中，如发生朝同一方向的连续变化达到七个点，或连续有七个点在中线的同一侧时，就可认定项目质量控制出现失控状况，从而启动项目质量管理的应急处理流程。当然，如果在控制界限外，即超过 UCL 或者 LCL，只要有一个点出现，即可判断为项目质量出现失控情况。

如图5－11所示，其中A点超过了下控制界限（LCL），此时项目质量失控，报警；B点超过了上控制界限（UCL），此时项目质量失控，报警；C1～C7连续出现7个点处于中心线的同一端，即连续七个点向中心线的一侧偏移，按照控制图法中的“七点规则”，项目质量报警。当然，根据不同项目取样标准，是否连续七个点，增加或者减少数量要求，根据项目内容确定。

质量特性值
B质量失控
C1C7“七点规则”
要求上限（UL）
上控制界限（UCL）
中心线（CL）
下控制界限（LCL）
要求下限（LL）
A质量失控
检验产品（或样本）代号

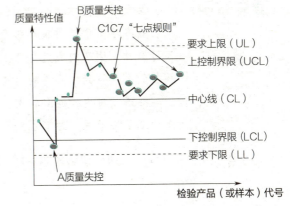

图5－11 控制图法七点规则图示

5.6.2 控制图法的应用步骤

控制图法应用步骤如图5－12所示。

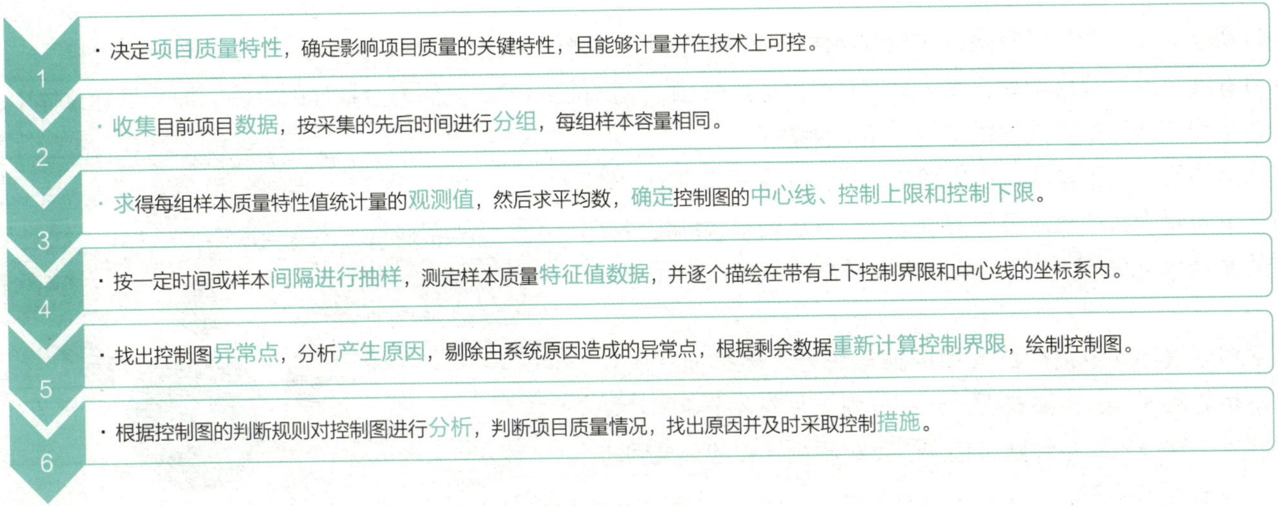

1
· 决定项目质量特性，确定影响项目质量的关键特性，且能够计量并在技术上可控。
2
· 收集目前项目数据，按采集的先后时间进行分组，每组样本容量相同。
3
· 求得每组样本质量特性值统计量的观测值，然后求平均数，确定控制图的中心线、控制上限和控制下限。
4
· 按一定时间或样本间隔进行抽样，测定样本质量特征值数据，并逐个描绘在带有上下控制界限和中心线的坐标系内。
5
· 找出控制图异常点，分析产生原因，剔除由系统原因造成的异常点，根据剩余数据重新计算控制界限，绘制控制图。
6
· 根据控制图的判断规则对控制图进行分析，判断项目质量情况，找出原因并及时采取控制措施。

图5－12 控制图法应用步骤

课堂案例

某大学传播学院的7人创业团队,在大二时期创立了"精气神文化衫定制"项目,开始主要服务于校内学生,业务量集中于班服和各类大型活动文化衫的图案设计和制作,每一单业务的数量较少,一般在100件以内,设计工作由团队内成员负责,印刷工作则外包给合作工厂,偶尔会在印刷中出现少量质量问题,基本都通过退换货的方式得到了妥善的解决,因为数量较少,没有在根本上影响项目运营情况。

随着项目规模逐渐扩大,客户群从学校学生逐渐发展到企业客户,项目团队决定购买印刷设备,逐渐完成产业上下游配置,为形成全产业链服务打下基础。此时,对于印刷质量的管理提上了日程。

该项目的质量管理可否通过控制图法来进行呢?

5.6.3 随机抽样法

创业项目初期,由于产出量有限,在控制图法的应用过程中,一般可以做到对所有产出的产品/服务进行检测。随着项目发展,产出规模增加,无法对所有产出的产品/服务进行检测时,只能通过抽样的方法,即从目标总体中,选取部分样本用于质量检测,从样本数据推断项目总体质量情况。

这一方法适用于有大批量项目产出物的项目,且在时间有限、费用有限的情况下需要确认项目质量的情形。这一方法的最大的优势在于:无需对元素进行100%的检验,就可以针对总体得到一个比较满意的推论。

抽样有很多方法,其中被广泛采用的抽样法为"随机抽样法"。随机抽样可不是胡乱抽样,需要遵循一定的规则,对创业企业推荐使用如下三种随机抽样法,即单纯随机抽样、系统随机抽样和分层随机抽样,具体内容见图5-13。

图5-13 随机抽样法种类

5.7 工具TC20：因果图法

因果图，又称鱼骨图、特性要因图，是分析质量特性与影响因素关系的一种常用工具，可以系统深入地分析产生项目质量问题的原因，有助于制订纠正预防措施，解决存在的项目质量问题，从而达到控制和改进项目质量的目的。因为最终输出的结果形似鱼骨而得名"鱼骨图"。

5.7.1 创业项目因果图模板

因果图用于对质量管理中发现的质量问题进行分析，准确找到根本性原因，从而为下一步改善该项问题，提升项目质量做好准备。在实际使用中，创业项目往往由于缺乏项目管理经验，即使发现了项目实施中的质量问题，但在分析问题原因阶段，往往无从下手，这直接影响了因果图的使用效果，也必将最终影响项目管理的质量。

建议创业项目在使用因果图分析项目质量管理中出现问题的背后原因时，借用影响项目质量的五个核心要素"4M1E"，即人员、设备、材料、方法、环境，从这五个方面着手进行分析，保证不出现遗漏。将这五个要素作为分析原因的五个方面，加上补充项"其他"，就形成了如图5-14所示的"创业项目因果图使用模板"。

某大学生蛋糕房项目在项目实施中，发现包装后的蛋糕有一

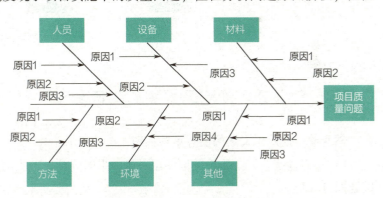

图5-14 创业项目因果图使用模板

定比例的受潮变质现象发生，使用图 5-14 所示的"创业项目因果图模板"进行原因查找与分析后，如图 5-15 所示，形成因果图。

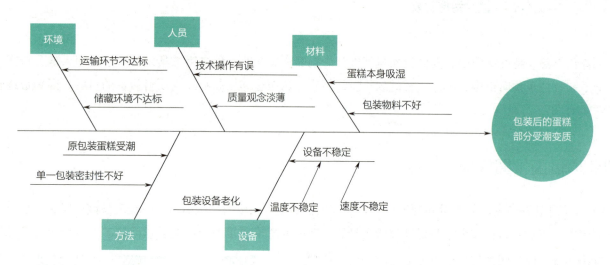

图 5-15　创业项目因果图使用模板示范

5.7.2　创业项目使用因果图的注意事项

创业项目使用因果图的注意事项如图 5-16 所示。

1）不得偷懒！一个质量问题使用一张因果图分析，不能两个以上问题同时分析。

图 5-16　创业项目使用因果图的注意事项

2）集体行动！通常采用小组活动的方式进行，集思广益，共同分析，避免遗漏，为下一步制订措施时能达成一致打下基础。

3）开放心态！必要时可以邀请小组以外的有关人员参与，广泛听取意见。

4）头脑风暴！分析时要充分发表意见，层层深入，列出所有可能的原因。

5）少数服从多数！在充分分析的基础上，由各参与人员采用投票或其他方式，从中选择 1~5 项多数人达成共识的最主要的原因。

5.8 思考与练习

5.8.1 问答题

根据三鹿奶粉三聚氰胺事件的资料，选择使用本章介绍的两个以上工具，对三鹿进行质量管理。

5.8.2 客观题

1. 项目管理中的质量内涵包括哪些内容？
   A. 内在质量特性　　　B. 外在质量特性　　　C. 经济质量特性
   D. 商业性质特性　　　E. 环保质量特性

2 项目质量管理的核心理念包括哪些内容？
    A. 客户满意　　　　B. 预防重于检查　　　　C. 管理职责明确　　　　D. 质量不断改进

3 项目质量管理中应负主要职责的是谁？
    A. 直接责任人　　　　B. 项目管理者　　　　C. 客户　　　　D. 视情况而定

4 什么方法是项目质量管理中的基础工具，又被称作"戴明环"？
    A. PDCA 循环法　　　　B. 采样法　　　　C. 样板法　　　　D. 图标法

5 PDCA 循环法中的 P 指的是什么？
    A. Plan，计划　　　　B. Process，流程　　　　C. Promote，促进　　　　D. Primary，基本

6 PDCA 循环法是否可以一次性解决已经发现的所有质量问题？
    A. 对　　　　B. 不对　　　　C. 不完全对　　　　D. 有时候对，有时候不对

7 样板参照法中项目选择的样板是否应该是行业内最好的项目？
    A. 对　　　　B. 不对　　　　C. 不完全对　　　　D. 有时候对，有时候不对

8 在控制图法的使用中，只要有一个点超过什么位置时，项目质量就开始报警？
    A. 中线 CL　　　　B. 要求上限 UL　　　　C. 上控制界限 UCL　　　　D. 要求下限 LL

9 样本法中的随机抽样是指什么？
    A. 随便抽样　　　　B. 单纯随机抽样　　　　C. 系统抽样　　　　D. 分层随机抽样

10 在因果图的使用过程中，以下表述哪些是正确的？

A. 一个质量特性或一个质量问题使用一张因果图分析

B. 通常采用小组活动的方式进行，集思广益，共同分析

C. 必要时可以邀请小组以外的有关人员参与，广泛听取意见

D. 对于简单问题，可以两个以上问题共享一张因果图

参考答案

1	2	3	4	5	6	7	8	9	10
ABCDE	ABCD	B	A	A	B	B	BD	BCD	ABC

第 6 章
创业项目成本管理

 核心理念顺口溜

项目成本管理的对象是钱，
管理包括成本估算预算和决算，
类比估算借助最佳同类项目实现有效估算，
基于 WBS 的全面估算方法保证估算全面且没有遗漏，
准确的成本估算会保证预算的可行性，
有经验的项目经理会保证成本预算有弹性，
成本管理不能只考虑钱，
同时要考虑成本对于项目产出物质量和工期的影响。
特别注意不能盲目节省决策成本和审核成本，
项目成本管理的目标是用最小的成本获得最大的价值，
成本超支的项目从管理角度一定是失败的项目。

6.1 案例导入

经典案例

空客 A380（见图 6-1）项目成本管理分析

空客 A380 项目成本管理分析

空中客车公司，Airbus（又称空客、空中巴士），是欧洲一家飞机制造研发公司，1970 年 12 月于法国成立。为了研发制造大型宽体客机，空客公司于 1988 年开始相关的研究工作，并于 1990 年宣布向波音 747 在远程航空客运市场的主导地位发起挑战。1994 年 6 月，经过前期的研发和市场调研准备，空客宣布自己的大型客机研发计划，命名为 A3 系列，将与 VLCT 项目和波音 747 的继任者 - 747X 进行竞争。1995 年 7 月，波音由于这一产品无法覆盖高达 150 亿美元的研发成本，宣布放弃了 VLCT 的联合研究计划，之后，空客依然坚持自己的大型客机项目，并重新修改了其设计，采用双层布局来提供更大的乘客空间。

自 2000 年 12 月项目启动，该项目的成本就不断突破预算，我们来看一组数字。

2000 年 12 月 19 日，该计划正式命名为 "A380"，计划投资 88 亿欧元。

2004 年，增加 15 亿欧元，总的研发费用达到 103 亿欧元。

2006 年，研发费用又增加了 49 亿欧元，总数达到 152 亿欧元。

2005 年 4 月 27 日，空中客车 A380 的第一

图 6-1 空客 A380 示意图

架原型机于法国完成首飞,但因电气布线问题导致项目延期两年后,项目研发费用达到 180 亿欧元,且影响交付,最终于 2007 年 10 月 15 日,该机型首次交付于新加坡航空公司。

2014 年,因交付后频繁的维修和大幅度上升的运输成本,该项目研发费用已经高达 220 亿欧元。

2016 年,在持续 15 年的项目实施过程中,该项目成本从 88 亿欧元上升至 250 亿欧元。

而其中项目管理严重失误而造成的该项目运输成本的增加,被业内作为成本管理中的典型反面案例。A380 的主要结构部件在法国、德国、西班牙和英国制造,因为部件的尺寸很大,导致传统的运输方式不再可行。于是这些部件需要通过专门的道路和水上运输,甚至一些部件需要使用 A300-600ST Beluga 运输机。为了运输 A380 的结构部件,一个复杂路线被开辟,包括组建由滚装船和驳船组成的船队,对港口设施的建设和道路的新建、重修,以适应超大运输车队的需要。前后机身通过船队从德国的北部城市汉堡,运到法国的圣纳泽尔,该船队途经英国的莫斯町装载机翼;机翼在北威尔士的布劳顿制造,之后通过驳船运输到莫斯町的港口;在圣纳泽尔,船上的机身部件变成更大的装配部件,部分装配部件存在凸出,导致无法正常运输;之后这艘船在法国波多尔卸载,前往西班牙南部城市加的斯,将机身的中部和尾部运输到波多尔;从波多尔开始,这些部件通过驳船运输到朗贡;之后通过车队运输到图卢兹的装配大厅。为了避免直接运输时的损坏,部件被保存在定制的模具里面进行运输。装配完成后,飞机飞到德国汉堡芬肯韦德机场,进行装饰和喷涂……

虽然每架空客 A380 飞机的售价为 4.45 亿美元,但仍不足以支付研发生产成本,2019 年 2 月,空客宣布将在 2021 年停止 A380 的生产。对于空客公司来说,这不是一个成功的案例。

点评 1) A380 作为目前最大宽体客机,被称为"空中巨无霸",其产品具有划时代的意义。

2) 从项目管理的角度来看,该项目管理中存在前期论证评估不准确、项目沟通不畅、流程不科学、风险应对低效等诸多项目管理中的常见问题。

3) 因各方面原因导致的该项目成本管理失控,进而导致整个项目出现严重亏损,并最终定义了该项目的失败。

| 创业案例 | 有钱就一定能做成项目吗？

在和创业团队就"项目面临的最大困难"的讨论中，听到最多的回答就是和钱有关的。"我们资金不足，限制了我们的发展""缺钱，项目缺钱""我希望能通过融资渠道争取到风险投资"……很多创业者都认为缺钱是项目面临的首要困难。在这个逻辑指导下，创业者也会理所当然认为，只要有钱，有足够的钱，项目就一定能做成。基于这样的情形，提出如下几个问题。

问题1：你（们）需要多少钱？

大声喊着缺钱的创业者（团队）至少有一半以上没法当场给出准确的数字。

另一半能够给出具体资金缺口数字的创业者（团队）回答下一题。

问题2：假设你现在足额获得了你需要的资金，你打算怎么使用？

创业资金是用来创业的，不是用来满足创业者个人挥霍需求的！所以，获得的资金必须尽快投入到项目的运转当中去，带着成本核算表回答这个问题的创业者（团队）只占总数的不到5%。也就是说，足额拿到资金后，你不会花这笔钱，何谈资金对项目带来的收益。

带着成本核算表的5%的创业者（团队）回答下一题。

问题3：你（们）的项目目前有做成本管理吗？

不管项目的资金是充足还是欠缺，项目的成本管理都应该是项目管理中必须要做的一项工作，这个管理不只是简单记流水账，而是要科学地进行估算、预算、偏差分析和决算。

 1) 你们是否有过类似的想法？你能回答到第几个问题呢？
2) 创业项目不应盲目吸纳融资，要"量出为入"。

6.2 项目成本管理

项目成本管理是指为保障项目实际发生的成本不超过项目预算而开展的项目资源计划、项目成本估算、项目预算编制和项目成本控制等方面的管理活动。

6.2.1 课堂练习卡 6-1：管理生活费

课堂练习卡
6-1点评要点

大学生活的美好，很重要的一个部分是来自于自由和独立的感觉，尤其是每个学期拿到的一笔生活费，会让大学生们有瞬间"经济独立"的错觉，但是相信对于大部分学生来说，读书期间还是没有能力真的自己赚来生活费。那么，对于从父母那里申请拿到的生活费，你有能力管理好吗？请完成课堂练习卡 6-1"管理生活费"。

课堂练习卡 6-1　管理生活费

本学期目标：				生活费 支出调 整至	餐费（元/天）	
生活费估算值（元）					日用品（元/月）	
其中	餐费（元/天）				图书费（元/月）	
	图书费（元/月）					
	日用品（元/月）			学期进行一半时，发现		
				超支项1/数值		解决方案	
生活费预算值（元）				超支项2/数值		解决方案	
偏差值（+ -）				节余项1/数值		解决方案	
偏差原因				节余项2/数值		解决方案	

6.2.2 项目管理"铁三角":成本、质量与进度管理

成本、质量与进度管理并称为项目管理"铁三角",如图6-2所示,用三角形来形容,表明了三者对于项目实施的稳定性有重要作用,同时,也因为三者间存在此消彼长的关系,"牵一发而动全身"。质量管理受到成本和进度的约束,进度管理也必然会影响到项目成本和质量,成本作为项目中具备"一票否决"的重要部分,在对其进行管理的时候,也不能只把它作为一个割裂的个体,而必须考虑在三者之间寻找最佳的平衡点。

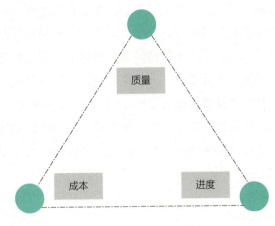

图6-2 项目管理"铁三角"示意图

成功的项目成本管理一定要考虑如何通过以最低的资源消耗去完成项目活动,同时也必须考虑项目成本对于项目产出物质量和项目进度的影响。如果盲目地降低决策成本,就可能出现决策失误,从而影响产出物质量,为了弥补失误可能需要更大的成本。

成功的项目成本管理不是简单地降低成本,而是提高产出成本比。如果在决策项目成本时,为了降低项目成本而限制项目辅助管理或项目质量审核工作的要求和次数,就会给项目成果和质量带来影响,甚至最终可能会提高项目的成本或增加项目用户的使用成本。同时,项目成本管理不能只考虑项目成本的节约,还必须考虑项目带来的经济收益的提高。特别是对创业项目,要考虑市场认可度、信息系统构建、团队信心等,要预测和分析项目产出在未来的经济价值与收益,这是项目成本管理非常重要的核心工作之一。

6.2.3 项目成本管理流程

项目的成本管理不是一个单一的步骤,为了做好项目的成本管理,需要依次做好资源计划、成本估算、成本预算、成本控制

四件事情。事实上,上述这些项目成本管理工作相互之间并没有严格独立而清晰的界限,在实际工作中,它们常常相互重叠和相互影响。同时在每个项目阶段,需要积极地开展上述项目成本管理的工作,只有这样,项目团队才能够做好项目成本的管理工作。

在这个成本管理的基本流程中,创业项目管理中普遍出现的一个问题,是认为资源计划不重要,成本估算也不重要,只有那张预算表才重要。再就是在项目实施过程中,一旦发现超支,是比较严重的事情,要及时处理。实际中对于各项工作的重要程度判断以及资源投入如图6-3中左侧图所示。这是对项目管理非常有害的一种认识,会直接导致成本管理中大量超预算情形出现,给后期的成本控制带来很大压力,最终影响项目的执行效果。应该把对于这个流程中相关工作的认识调整到如图6-3右侧所示,重要性是一致的,对每项工作的资源投入是相等的。

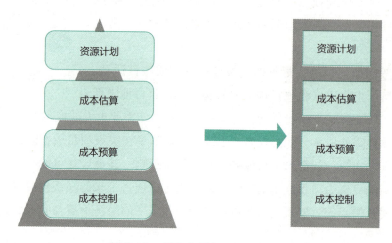

图6-3 项目成本管理流程示意图

项目成本管理流程见表6-1。

表6-1 项目成本管理流程

资源计划	确定为完成项目各活动需要什么资源（人、设备、材料）和这些资源的数量	步骤一
师语："所有计划资源最终都会转化为统一的货币成本，就是项目花钱都要买什么。"		
成本估算	估算为完成项目的各项活动所需要的各种资源成本的近似值	步骤二
师语："估算的成本是你觉得项目应该要花多少钱，不是项目真的有多少钱。"		
成本预算	基于成本估算，将项目总成本分配到各项具体工作之中	步骤三
师语："估算是演习，预算就是实战，是根据项目总共有多少钱，来安排怎么做每件事。"		
成本控制	根据项目实施中实际情况，及时对项目成本的预算进行调整，保证项目顺利实施	步骤四
师语："控制是因为实施过程不会完全按照预算进行，所以需要及时调整，超支的要适当收紧，节余的要分析原因。"		

6.3 项目资源计划

项目实施过程中，进度和质量管理的前提是假设完成各项任务的项目资源是充足的，而实际中项目资源从来都是有限的。所以，如何能够进行资源的高效配置和管理，保证在有限的资源情况下实现项目的最大利益，就需要进行周密的资源计划，而资源计划必然与项目的成本息息相关。

项目资源计划，是指通过分析和识别项目的资源需求，确定项目需要投入的资源种类（包括人力、设备、材料、资金等）、项目资源投入的数量，从而制订出项目资源供应计划的项目成本管理活动之一。

6.3.1 项目资源计划的制订依据

项目资源计划并非凭空产生，而需要根据已有的项目相关资料与信息，进行科学分析后，方能得到有效的项目资源计划，从而为进一步的成本估算奠定基础。对创业项目来说，在项目已有的诸多资料中，需要去粗取精，找到关键因素，进行系统分析整理，提高管理效率。建议至少要收集 4 个方面资料，分别是在项目初始阶段完成的 WBS、范围说明书中的资源描述、项目管理政策和与项目实施有关的各类法律法规制度，如图 6-4 所示。

项目资源计划制订依据见表 6-2。

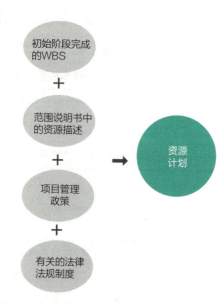

图 6-4 项目资源计划依据示意图

表 6-2 项目资源计划制订依据表

WBS	WBS 是项目团队在项目实施过程中要完成的全部任务，不同的项目工作会有不同的资源需要，WBS 是安排项目资源计划最重要的依据
师语："WBS 是项目管理中的基本工具，很多地方都会用得到，所以必须掌握。"	
项目资源描述	任何项目资源的种类、特性和数量都应该是限定的，要制订项目资源计划就必须对一个项目所需资源的种类、数量、特性和质量予以说明和描述。这种描述的内容包括：项目需要哪些种类的资源；这些资源的特性要求是什么；这些资源的价格是多少；何时需要这些资源等
师语："就是 WBS 的任务包中已经完成的针对各任务的详细描述，前面没有认真做的，这里要补上了。"	
项目组织的管理政策	项目组织的管理政策也会影响项目资源计划的编制。比如项目组织对于项目所需设备是采用购买、租赁的政策；项目是采用零库存的资源管理政策还是采用经济批量订货的资源管理政策；项目对于市场推广的部分是计划外包还是招募自己团队的政策等

（续）

	师语："一样多的钱和事，不同做事方式和管理思路，花钱的方式就不一样，效果也会有差异。好比孩子要新衣服，有些妈妈直接买成衣，有些妈妈买来布料做，不同方式影响成本支出和实施效果。"
资源的定额、标准	有些项目的资源需求是按照国家、行业、地区的官方或民间组织的统一定额或统一工程量计算规则确定的。比如防疫物、专卖产品、消防产品等
	师语："这是项目必须遵守的外部规则，资源计划中必须要遵守的强制性规则，不是选择题。"

6.3.2 工具TC21：项目资源计划输出成果

依据相关资料完成项目资源计划后，成果一般以如下几种形式输出。

1. 资源数据分类列表

资源数据分类列表是基于确定的某种资源分类方式对资源进行详细分类列举，标明每种资源的数量、质量、使用阶段、相关要求，这是最为常见的资源计划输出成果的形式，可以全面完整地反映项目的资源需求，具体可以参考表6-3，也可以根据项目实际情况进行调整。

表6-3 项目资源计划数据列表 （样表）

资源大类	资源小类	质量要求	数量要求	使用时间（月度）
人力资源	设计A			
	设计B			
	市场			
	销售			

(续)

资源大类	资源小类	质量要求	数量要求	使用时间（月度）								
设备	设备 A										
	设备 B										
	设备 C										
耗材 （原材料）	耗材 A										
	耗材 B										
	耗材 C										
……											
……											
……											

2. 资源甘特图

如果需要通过比较直观的方式，表示资源计划结果中各类资源数量需求的对比，那最合适使用的就是甘特图（见图 6-5）。关于甘特图，我们在进度管理中进行了详细的陈述，甘特图只是一种方式，既可以作为进度管理的辅助工具，也可以应用于资源计划输出结果中。

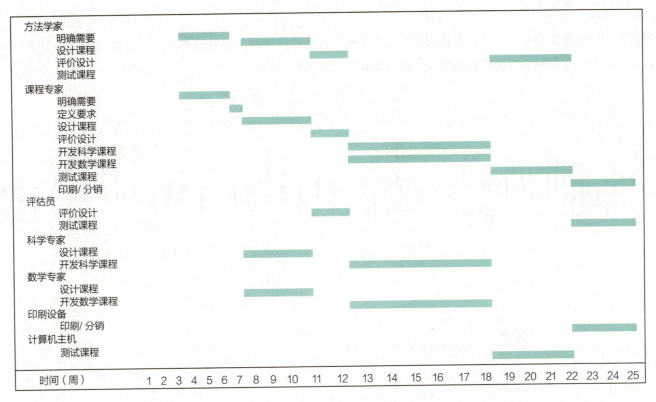

图6-5 资源计划甘特图示例

3. 资源负荷图

针对项目实施中的重要核心资源，或者稀缺资源，为了更有效地管理资源，可以针对专门项资源通过绘制负荷图的方式输出计划成果，并通过实施的实际资源支出使用情况进行对比分析，如图6-6所示。

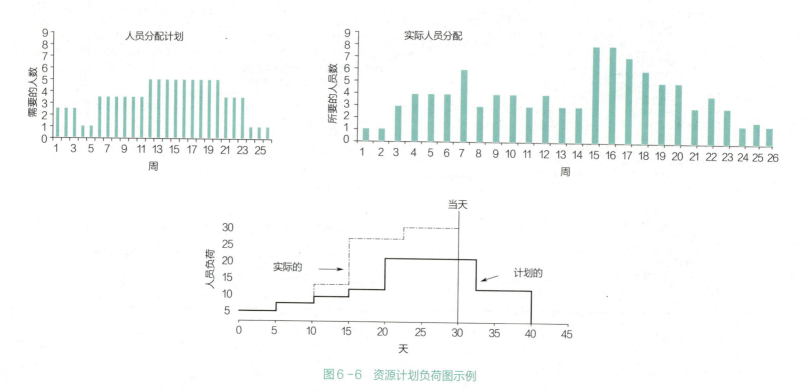

图6-6　资源计划负荷图示例

6.4 项目成本估算

项目成本估算是指根据项目的资源需求和计划,以及各种项目资源的价格信息,通过估算和预计的方法而得到项目各种活动成本和项目总成本的工作。

如图6-7所示,项目成本估算既包括识别各种项目成本的构成科目,也包括估计和确定各种成本的数额大小,还包括分析和考虑各种不同项目实施方案,并分别做出各项目方案。

根据估算精确度的不同可分为:初步的项目成本估算(项目初步预算)、技术设计后的项目成本估算(项目设计概算)、详细设计后的项目成本估算(项目施工图精算)。

项目成本估算所给出的结果一般都要用某种货币单位表述,以便人们可以进行必要的比较。项目成本估算的基础信息来自于项目计划工作所生成的信息(包括项目集成计划、项目范围计划、项目质量计划、人力资源和采购计划等),和项目所需各种资源的价格信息(包括所需资源的市场价格信息和未来发展变化的趋势信息)。

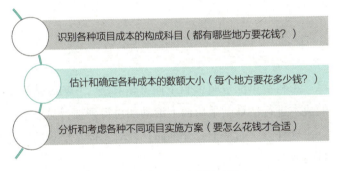

图6-7 资源成本估算内容

6.4.1 工具TC22:类比估算法

类比估算法也被称作"自上而下法估算法",是一种通过比照已完成的类似项目的实际成本,去估算出新项目成本的方法。应用类比估算法必须具备两个条件:一是以前完成的项目与新项目非常相似;二是项目成本估算专家或小组具有必需的专业技能。

类比估算法的优点是简便易行、费用低,缺点是精确度低。

课堂案例

云天公司在海滨市承建一栋办公楼建设项目A，层高10层，外墙装饰材料为干挂石材，每平方米造价为1000元，外墙面为7000平方米。

3年前，该公司在海滨市曾经做过类似项目B，成本共计3100万元。层高10层，外墙装饰材料为墙砖，造价与干挂石材相同，外墙面积为7000平方米。

此外，3年来的人工成本增加了约10%，其他材料费用没有显著变化。

在B楼的成本中人工成本占比20%。

请完成A大楼的项目成本总额估算。

第6章课堂案例参考答案

6.4.2 工具TC23：工料清单法

工料清单法也叫"自下而上估算法""WBS估算法"，这种方法根据项目所需的工料清单或者WBS，对其中各项物料和作业的成本进行估算，最后向上滚动加总得到项目总成本。

这种方法通常十分详细而且耗时，但是估算精度较高，它可对每个工作包进行详细分析并估算其成本，然后统计得出整个项目的成本。

课堂案例

为了准备一个生日晚会，通过WBS将需要完成的工作分成晚宴、娱乐、意外项三个部分，根据自下而上估算法，我们得到了如图6-8所示的估算表。

为方便创业项目使用这一工具进行项目成本估算，提供两种可供参考使用的模板，一种是按项目管理阶段所实施的自下而上的成本估算表（见表6-4）；另一种是按WBS实施的自下而上的成本估算表（见表6-5）。

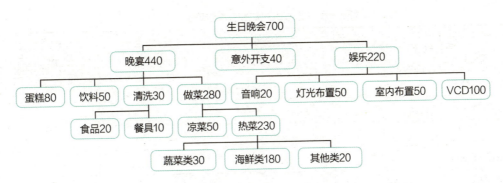

图6-8 生日晚会项目估算表

表6-4 按项目管理阶段实施的成本估算参考模板

项目阶段	工作包代码	工作包名称	活动代码	活动名称	责任人	活动描述	单位	单价	数量	成本	总成本
定义决策		定义工作									
				提出预案	工程师	编写下面的提案	小时				
				可行分析	经济师	可行性分析研究	小时				
		决策工作									
				评估报告	咨询师	评估分析报告	小时				
				做出决策	经理	制定项目的决策	小时				
设计计划		设计工作									
				建筑设计	建筑师	建筑图纸设计	小时				
				结构设计	结构师	结构图纸设计	小时				
				施工设计	工程师	施工图纸设计	小时				

表6-5 按 WBS 实施成本估算参考模板

WBS 代码	任务描述	人工成本（单位：元）	材料成本（单位：元）	服务成本（单位：元）	成本小计（单位：元）
1.1.1	获取项目授权书				
1.1.1.1	成立项目小组				
……	……	……			
2.1.1	设备准备就绪				
2.1.1.1	调试机器				
……	……	……			
3.1.1	样品生产				
3.1.1.1	设计图完成				

6.5 项目成本预算

项目成本预算是一项制订项目成本控制标准的管理工作，它涉及根据项目成本估算为项目各项具体工作分配和确定预算和定额，以及确定整个项目总预算的一系列管理工作。

具体内容包括：根据项目成本估算向项目各项具体工作与活动分配预算定额和确定项目成本控制的基线（项目总预算）；制订项目成本控制标准，规定项目不可预见费的划分与使用规则等。

成本预算依据：项目成本估算文件、项目工作结构分解表（WBS）、项目工期进度计划。

6.5.1 项目成本预算的基本原则

项目成本预算是基于资源计划和成本估算后得到的项目实际要执行的支出标准,来不得半点马虎。在最终项目成本预算的制订中,既要从项目目标出发,考虑项目实际需求;又要保证预算具备可执行性。要将成本预算与项目的质量管理、进度管理相统一,与项目的责任分配、绩效管理相统一,将管理落到实处,项目成本预算需要遵循的基本原则:与总体目标相联系、与质量和进度关联、切实可行、应当有弹性(见图6-9)。

创业项目管理中,在成本预算阶段常见的典型失误有:①将成本预算归入财务管理,认为是财务人员可以单独处理的财务问题,忽略了成本预算的全局性要求;②成本预算的编制缺乏经验,缺少实际调查研究,导致预算与实际支出出入较大,给后期成本控制造成了很大压力,甚至影响了项目的实施效果;③将成本预算与质量管理和进度管理脱节,片面强调低成本目标,忽略了项目总体目标的实现。

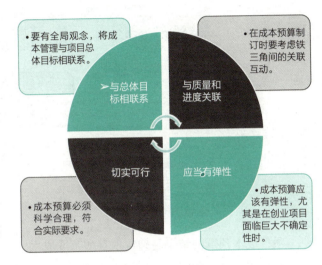

图6-9 项目成本预算基本原则

6.5.2 工具TC24:项目成本预算步骤

项目成本预算步骤如图6-10所示。

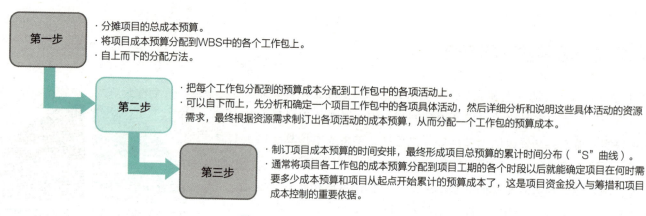

图 6-10 项目成本预算步骤示意

6.5.3 项目基准成本

项目成本预算的结果是确定项目的基准成本。

基准成本是以时间为自变量的预算,被用于度量和监督项目执行成本。把预计成本按时间累加,就是基准成本,可用 S 曲线表示。

如果不引入时间变量,不考虑成本支出的具体时间安排,项目的成本预算就没有意义。

项目成本预算及其不同期望示意图如图 6-11 所示。

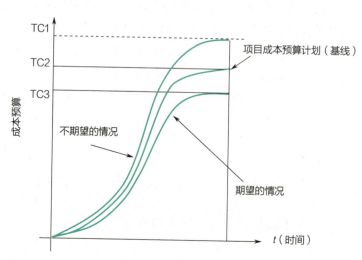

图 6-11 项目成本预算及其不同期望示意图

课堂案例

下面是某国际工程承包项目管理成本基准预算步骤,可作为创业项目基准成本参考模板。

某国际工程承包项目在完成前期项目估算的基础上,进行项目的详细预算管理,项目的基本成本汇总见表6-6,项目计划实施持续时间为10个季度。由于本项目的管理成本达到2070万元,占该项目总成本约10%的比重,需要进行单项管理,根据项目时间进度安排的管理成本支出进度见表6-7与表6-8。之后再绘制管理成本基准图,一般选择使用的是柱状图(见图6-12)和折线图(见图6-13)。

第一步:完成总预算成本汇总与大类别分摊明细

表6-6 某国际工程承包项目总预算成本汇总和分摊

成本类别		金额/万元	成本类别		金额/万元
管理成本	代理成本费	1320	财务成本	出口信用保险费	1140
	项目管理费	510		保函费	71
	监理咨询费(含律师费)	240		银行费用	114
	小计	2070		小计	1325
1. 成本合计					3395
2. 项目风险费					1800
3. 对内总承包费					16117
4. 总 计					21312

第二步：完成管理成本支出进度表

表6-7 管理成本支出进度表

成本类别	1季度	2季度	3季度	4季度	5季度	6季度	7季度	8季度	9季度	10季度
代理费/万元	660			132		198		132		198
项目管理费/万元	57	57	57	57	57	45	45	45	45	45
项目咨询费（含律师费）/万元	60	20	20	20	20	20	20	20	20	20
总计/万元	777	77	77	209	77	263	65	197	65	263
累加合计/万元		854	931	1140	1217	1480	1545	1742	1807	2070

表6-8 管理成本支出季度明细表

成本类别	金额/万元	支付进度
代理费	1320	第1季度支付50%；第4季度支付10%；第6季度支付15%；第8季度支付10%；第10季度支付15%
项目管理费	510	第1季度至第5季度支付285万元，按季度平均支付 第6季度至第10季度支付225万元，按季度平均支付
项目咨询费（含律师费）	240	第1季度支付60万元 其余180万元从第2季度至第10季度支付，按季度平均支付
小计	2070	—

第三步：绘制管理成本基准图

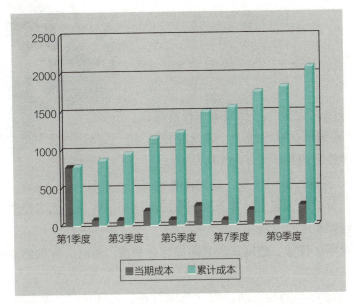

图6-12 管理成本基准柱状图

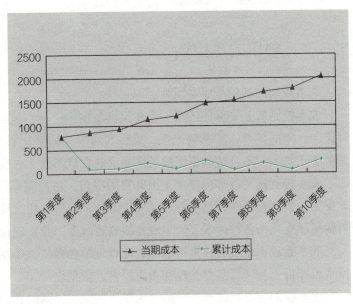

图6-13 管理成本基准折线图

6.6 工具 TC25：挣值法

6.6.1 项目成本控制

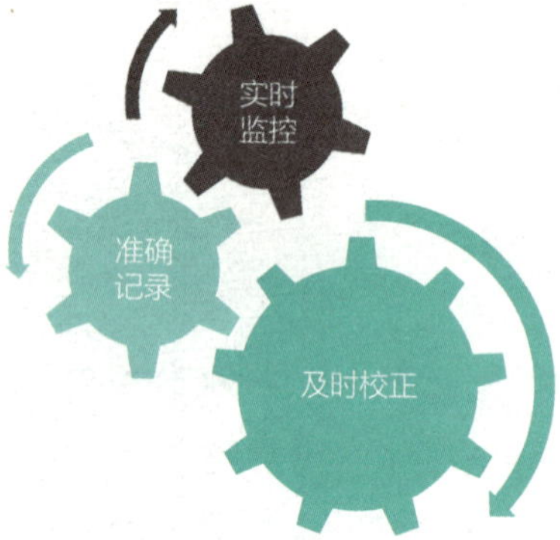

成本控制的基础是成本预算。

成本控制就是要保证各项工作在预算范围内进行，包括①实时监控，监控成本执行情况以确定与计划的偏差；②准确记录，确保所有发生的变化被准确记录在成本线上；③及时校正，避免不正确的、不合适的或无效的变更反映在成本线上。成本控制内容如图 6-14 所示。

成本控制需要各部门定期上报其费用报告，由控制部门对其进行费用审核，以保证各种成本支出的合法合理性，然后将已经发生的成本与预算相比较，分析是否超支，并采取相应的措施加以弥补。成本控制主要关心影响费用线变化的各种因素、确定成本线是否改变以及管理和调整实际的改变。

图 6-14 成本控制内容示意

成本管理不能脱离质量管理和进度管理单独存在，要在成本、技术、进度三者之间做综合平衡。及时、准确的成本、进度和技术跟踪报告是项目经费管理和费用控制的依据。

成本控制应寻找成本正反两方面变化的原因，同时还必须考虑与其他控制过程（范围管理、进度控制、质量控制等）相协调，比如不合适的成本变更可能导致质量、进度方面的问题或导致不可接受的项目风险。

6.6.2 挣值法基本参数

挣值法，又称挣得值法、赢得值法，是通过分析项目目标实施与项目目标期望之间的差异，从而判断项目实施成本、进度绩效的一种方法。挣值法的核心工具是通过"三个成本""两个偏差"和"两个绩效"的比较，对成本实施控制。

课堂案例

假设某软件开发项目,招投标时工作量预计为 1000 小时,预算单价为 10 元/小时,在项目完工的时间点检查发现,实际完成工作量为 900 小时,实际单价为 12 元/小时。

很明显,工作量和单价均未按照计划进行,那么我们如何对这种偏差进行直观和量化的评价呢?

挣值法的三个基本参数见表 6-9。

表 6-9 挣值法基本参数列表

参数名称	英文名与缩写	公式	案例示例
计划工作量的预算费用	Budgeted Cost for Work Scheduled,BCWS	BCWS = 计划工作量 × 预算定额	BCWS = 1000 × 10 = 10000
已完工作量的预算费用,即挣得值	Budgeted Cost for Work Performed,BCWP	BCWP = 已完工作量 × 预算定额	BCWP = 900 × 10 = 9000
已完成工作量的实际费用	Actual Cost for Work Performed,ACWP	ACWP = 已完工作量 × 实际单价	ACWP = 900 × 12 = 10800

基于三个基本参数,可以绘制三条曲线,通过三条曲线的对比,可以直观地综合反映项目费用和进度的进展情况(见图 6-15)。

1)BCWS 曲线:即计划工作量的预算值曲线,简称计划值曲线、S 曲线、项目控制的基准曲线。

2)BCWP 曲线:即已完成工作量的预算值曲线,也称赢得值曲线。

3)ACWP 曲线:即已完成工作量的实际费用消耗曲线,简称实耗值曲线。

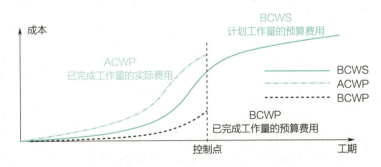

图 6-15 挣值法参数曲线图

6.6.3　课堂练习卡 6-2：挣值法偏差计算

通过对三个基本参数的数值对比分析，可知目前项目成本管理的实施状况，并能找到分析方向，以便进行管理控制。对创业项目来说，在此基础上进行的成本偏差和进度偏差分析非常有意义，具体偏差计算公式与含义见表 6-10。

表 6-10　挣值法偏差分析列表

常用指标	含义	公式	偏差分析
成本偏差值 CV （Cost Variance）	均以已完工作量作为计算基准，两者的偏差反映至控制点项目的成本差异	CV = BCWP – ACWP	当 CV > 0 时，表示有结余或效率高 当 CV < 0 时，表示执行效果不好，超支 当 CV = 0 时，表示实际消耗与预算相符
成本执行指标 CPI（Cost Performed Index）	表示实际支出成本和预算成本之间的关系	CPI = BCWP/ACWP	当 CPI > 1 时，实际费用低于预算费用，效率高 当 CPI < 1 时，实际费用超出预算费用，效率低 当 CPI = 1 时，实际费用与预算费用吻合
成本指数 CI （Cost Index）	表示实际成本执行效果与计划效果的关系	CI = CV/BCWP	当 CI > 0 时，表示实际效果比计划的好 当 CI < 0 时，表示实际效果比计划的差 当 CI = 0 时，表示实际效果达到预定目标
进度偏差 SV （Schedule Variance）	是计划工作量和已完成实际工作量的差异，两者偏差即反映进度差异	SV = BCWP – BCWS	当 SV > 0 时，表示进度提前 当 SV < 0 时，表示进度延误 当 SV = 0 时，表示项目实际进度与计划相符

（续）

常用指标	含义	公式	偏差分析
进度执行指标 SPI（Schedule Performed Index）	表示实际进度和计划进度之间的关系	SPI = BCWP/BCWS	当 SPI > 1 时，表示进度提前 当 SPI < 1 时，表示进度延误 当 SPI = 1 时，表示实际进度等于计划进度
进度指数 SI（Schedule Index）	表示实际进度执行效果与计划效果的关系	SI = SV/BCWP	当 SI > 0 时，表示实际进度超过计划进度 当 SI < 0 时，表示实际进度落后于计划进度 当 SI = 0 时，表示实际进度等于计划进度

请完成课堂练习卡 6-2。

课堂练习卡 6-2 参考答案

课堂练习卡 6-2　挣值法偏差计算

假设完成一个工作包的任务需花费 1500 元，并于今日完成，然而到目前为止我们实际花费了 1350 元，并完成了工作的 2/3，请计算成本偏差和进度偏差

BCWS =

ACWP =

BCWP =

成本偏差 = CV = BCWP − ACWP =

进度偏差 = SV = BCWP − BCWS =

CPI = BCWP/ACWP =

SPI = BCWP/BCWS =

分析可知：

6.6.4 挣值法偏差分析及对应参考措施

针对挣值法分析得出的结论，根据一般的项目管理经验，我们提供表 6-11 中的相应解决方向供创业项目选择使用。需要特别注意的是，这些措施并非万能公式，同样的结论可能会有不一样的处理方案，究竟哪种方案最为恰当，这张表格中没法给出具体答案，所以，需要关注项目的独特性，在成本处理的这一阶段秉持因地制宜的原则，切不可以"一刀切"。

表 6-11 挣值法参数分析与对应参考措施

序号	参数间关系	图示	分析	对应措施
1	BCWP > BCWS > ACWP SV >0 CV >0	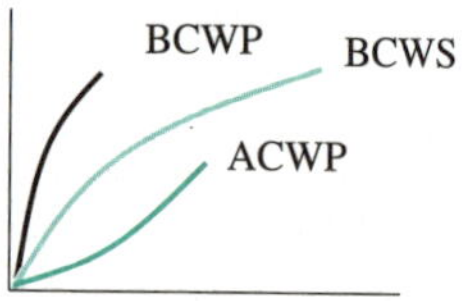	进度较快，投入延后，效率高	若偏离不大，维持现状
2	BCWP > ACWP > BCWS SV >0 CV >0	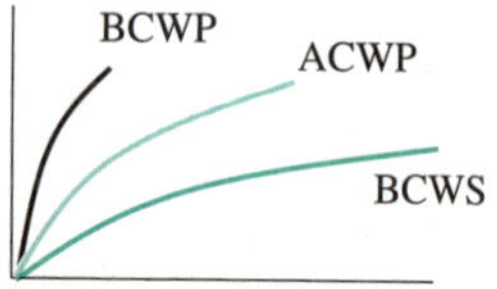	进度快，投入超前，效率较高	抽出部分人员和资金，放慢进度
3	ACWP > BCWP > BCWS SV >0 CV <0	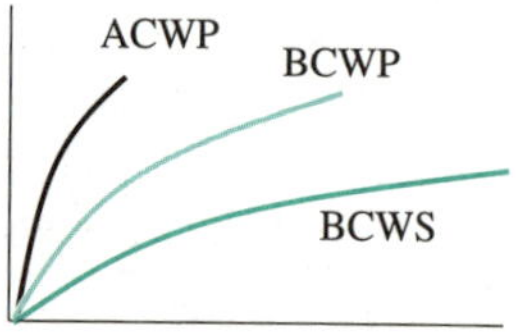	进度较快，投入超前，效率较低	抽出部分人员，增加少量骨干

（续）

序号	参数间关系	图示	分析	对应措施
4	ACWP > BCWS > BCWP SV < 0　CV < 0	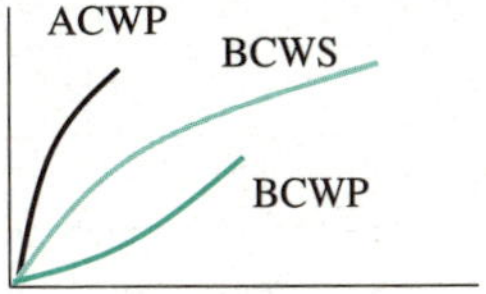	进度较慢，投入超前，效率低	用工作效率高的人更换效率低的人
5	BCWS > ACWP > BCWP SV < 0　CV < 0	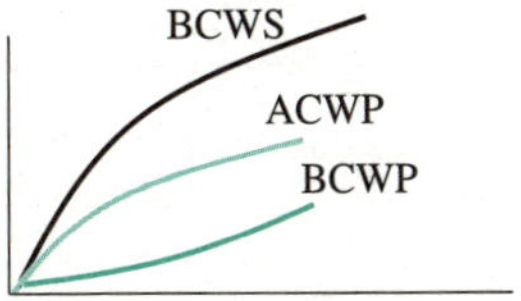	进度慢，投入延后，效率较低	增加高效人员和资金的投入
6	BCWS > BCWP > ACWP SV < 0　CV > 0	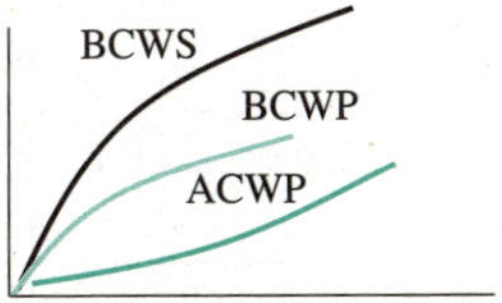	进度较慢，投入延后，效率较高	迅速增加人员投入

6.7　思考与练习

6.7.1　问答题

某项目经理部在对某施工项目进行成本管理过程中，对各月的费用进行了统计，有关情况见表 6-12。

表6-12 挣值法案例数值列表

月份	计划完成工作预算费用/万元	已完工作量（%）	实际发生费用/万元
1	200	100	190
2	280	105	290
3	310	90	290
4	470	100	470
5	620	50	300
6	430	110	440
7	600	40	240
8	290	50	130
9	300	80	220
10	260	120	300
11	210	90	180
12	180	100	170

问题：

1）求出12个月的挣得值。

2）求出12个月的CV和SV。

3）分析成本和进度情况，并给出恰当的纠偏措施。

第6章问答题参考答案

6.7.2 客观题

1. 项目管理中的"铁三角"是指什么？
   A. 成本管理　　　　B. 质量管理　　　　C. 风险管理　　　　D. 进度管理

2. 成本管理有哪些步骤？
   A. 资源计划　　　　B. 成本估算　　　　C. 成本预算　　　　D. 成本控制

3. "资源计划在成本管理中是可有可无的"，这个观点对吗？
   A. 对　　　　　　　B. 不对　　　　　　C. 不一定对　　　　D. 在有些项目中是对的

4. 项目资源计划制订的依据是什么？
   A. WBS 工作分解结构表　　　　　　　　B. 范围说明书中的资源描述
   C. 项目管理政策　　　　　　　　　　　D. 与项目实施有关的各类法律法规制度

5. 类比估算法的优点包括哪些内容？
   A. 简便易行　　　　B. 费用低　　　　　C. 精确度高　　　　D. 专业性强

6. 工料清单法的优点是什么？
   A. 易操作　　　　　B. 成本低　　　　　C. 精确度高　　　　D. 以上都有

7. 项目成本预算中须遵循的基本原则包括哪些内容？
   A. 与总体目标相联系　　　　　　　　　B. 与质量和进度关联

C. 切实可行　　　　　　　　　　　　　　D. 应当有弹性

8　项目基准成本的自变量是什么？
　　　A. 时间　　　　B. 质量　　　　C. 人工成本　　　D. 耗材成本

9　挣得值的英文名称缩写与公式是什么？
　　　A. BCWS = 计划工作量 × 预算定额　　　　B. BCWP = 已完工作量 × 预算定额
　　　C. ACWP = 已完工作量 × 实际单价　　　　D. BCWP = 已完工作量 × 实际单价

10　当挣得值参数计算结果为 BCWP > BCWS > ACWP，SV > 0，CV > 0 时，一般建议项目采取什么调整措施？
　　　A. 若偏离不大，维持现状　　　　　　　　B. 抽出部分人员和资金，放慢进度
　　　C. 抽出部分人员，增加少量骨干　　　　　D. 增加高效人员和资金的投入

参考答案

1	2	3	4	5	6	7	8	9	10
ABD	ABCD	B	ABCD	AB	C	ABCD	A	B	A

第 7 章
创业项目风险管理

 核心理念顺口溜

项目风险管理的对象不是风险，
而是风险有可能带来的损失，
项目风险管理也不可能消灭风险，
风险一直存在，但是能使其发生的概率不断降低，
项目风险包括战略、财务、运营、市场和法律风险，
风险管理遵循基本流程，
全面收集信息后进行风险辨识、分析和评价，
制定针对性策略并认真实施，
监督和改进也必不可少，
对风险分级和发生概率评分是重要管理工具，
坐标图中第二象限风险必须优先处理，
重大风险要进行跟踪评估。

项目风险
管理核心理念

7.1 案例导入

经典案例 中国某公司实施伊朗大坝项目的成功案例

中国某公司实施伊朗大坝项目的成功案例

第7章中国某公司实施伊朗大坝项目的成功案例

我国某公司在承包伊朗某大坝项目时,风险管理比较到位,成功地完成了项目,并取得较好的经济和社会效益,分析整个项目进程,会发现该项目进行了非常细致有效且全面的风险管理。

1) 合同管理。专门成立了合同管理部,负责合同的签订和管理,在合同签订前,该公司认真研究并吃透了合同,针对原合同中的不合理条款据理力争,获得了有利的修改,在履行合同过程中,则坚决按照合同办事。

2) 进度管理。选择最合理的配置,提高设备的效率,其次对设备采用强制性的保养维修,使得项目的设备完好率超过了90%,保证了工程进度。

3) 成本管理。在人的管理方面,充分利用当地资源和施工力量,尽量减少中国人员;在资金管理方面,项目部每天清算一次收入支出,以便对成本以及现金流进行有效掌控;在物的管理方面,①选择最合理的设备配置,加强有效保养、维修和对其使用人员的培训,提高设备的利用效率,从而降低了设备成本;②项目部特别重视物流工作,聘用专门的物流人员,做到设备材料一到港就可以得到清关,并能很快应用在工程中,从而降低了设备材料仓储费用。

4) 沟通管理。该公司成立了项目领导小组,由总公司、国外部、分包商和设计单位的领导组成,而对于当地雇员,则是先对其进行培训,使其能很快融入项目中,同时也尊重对方的风俗习惯,以促进中伊双方人员之间的和谐相处。

5) 人工成本。项目部为了保证项目的进度,各类大型施工机械设备所需的操作手、电工、焊工、修理工、杂工等普通工种在当地聘用,由当地代理成批提供劳务,或项目部直接聘用管理,项目经理部对旗下施工队进行目标考核，独立核算各队的任务分配和各队产值，安全、质量、进度和效益挂钩。

6）融资方案。为了避免利率波动带来的风险，该公司委托国内的专业银行做保值处理，这既为我国创造了外汇收入，又有效地避免了汇率风险。

7）工程保险。对工程实施中不可预见的风险，通过在保险公司投保"工程一切险"进行最有效的风险防控。投保所需成本在投标报价中已经做了预先安排，以合同总额的6%作为不可预见风险投保成本。

点评
1）以上风险管理适合于初创企业在工程类项目中借鉴。
2）前置化的全面风险管理理念适用于所有项目的管理。

创业案例

创业项目风险管理从哪里做起？

几乎所有创业者都知道应该做好风险管理，也就是说，风险管理的意识是普遍存在的，但是，究竟怎么去做？从什么时候开始做？出现哪些信号需要进入紧急状态？对于这些和创业项目风险管理相关的具体问题，创业者往往回答得支离破碎。为了加深对创业风险管理的理解，我们将创业项目风险管理简化成"开车路过积水路段的风险处理"这一生活事件，两者核心理念是一致的。

第7章创业案例参考答案

假设你是车主，早上开车去上班，晚上开车回家，行驶路线是一条固定线路。有一天下班的时候赶上暴雨，路面积水严重，你准备下楼开车回家的时候，有同事劝你等雨小点儿再走，你坚持要早点回家，不想要家人等你吃晚饭；开始行驶之后，你想起来回家经过的一处立交桥下暴雨时积水会比较严重，但是觉得今天雨刚开始下，应该还不会积水很高；等快到这处立交桥下的时候，你发现路边停了很多车子，应该是在躲避积水，看来桥下还是积水了，还有一些车子掉头绕道走了；你看了一下积水水面，目测觉得不是很深，再看看周围停车的都是小轿车，而你开的是一辆车体大底盘高的越野车，所以觉得应该可以过去；车子进入积水中，很快你发现积水比你目测的要深，但是倒退已经来不及了，车体在水中漂浮，发动机不再工作，但是此时车体大部分还是露在水面上,你可以选择弃车逃生;你觉得车子是刚买的,花了很多钱,不忍心,在犹豫的片刻间,车窗玻璃已经被水淹没,车窗打不开了,你在车里想找逃生锤,发现上次整理时觉得逃生锤又大又没用,就随手拿出来放在家里了;你打电话给110,给家人,但是,一切都已经来不及了⋯⋯

讨论 这个案例中,出现过多少个风险?能够避免最终悲剧的处理方案有哪些?

7.2 项目风险

7.2.1 风险与不确定性

不确定性,是指人们对于将来活动或事件一般不能掌握全部信息,因此事先不能确知最终会产生什么样的后果,这种现象就叫不确定性。

风险,是指在某一特定环境下,在某一特定时间段内,某种损失发生的可能性。风险由风险因素、风险事故和风险损失等要素组成。风险包括两层意思,一是风险本身表现为不确定性;另一个则是风险带来的损失的不确定性。

项目风险的特征包括:①具有多样性特征,在一个项目中有许多种类的风险,如政治风险、经济风险、法律风险、自然风险、合同风险、合作者风险等;②具有隐蔽性,项目中的风险往往不易察觉;③具有关联性,风险的影响往往不是局部的,在某一段时间风险也会随着项目的发展,其影响会逐渐扩大。

项目管理中的一级风险可以归为五大类,分别是战略风险、市场风险、财务风险、运营风险、法律风险(见图7-1)。

图7-1 项目管理一级风险示意

7.2.2 战略风险

战略风险是指在战略的制定和实施上出现错误或疏忽，或未能随环境的改变而做出适当的调整，导致经济上的损失。比如，摩托罗拉"铱星"项目中，将项目的商品性放在技术性之后，完全不考虑市场接受程度，一味追求技术上的尖端，就属于战略性失误。

对于创业项目来说，根据收集到的初始信息进行项目战略决策，进而确定实施项目内容，是必不可少的重要环节。初始信息至少应该包括市场对本项目产出的产品或服务的需求认知，项目所在产业的清晰划分，以及项目现有优势与未来发展方向。

项目战略风险管理信息收集的具体内容如图 7-2 所示。

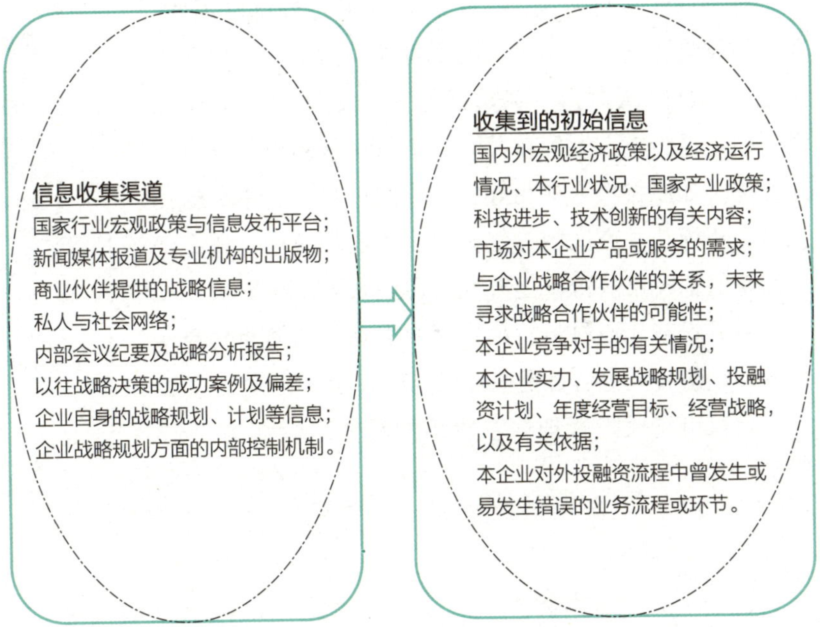

课堂案例

IBM 公司曾经是全球最大的电脑制造商，但它对于市场对其产品与服务的需求有清晰的认识，并据此成功地从电脑制造商转变为以 IT 咨询与服务为主要业务的企业。IBM 对于竞争对手的了解也是非常清晰的，它意识到，自己的核心竞争力不在个人电脑的制造，没有办法和戴尔或联想竞争，于是及时放弃了个人电脑业务。结果到 2005 年底，IBM 成为 IT 历史上少有的年收入达到 900 亿美元的公司。

信息收集渠道
国家行业宏观政策与信息发布平台；
新闻媒体报道及专业机构的出版物；
商业伙伴提供的战略信息；
私人与社会网络；
内部会议纪要及战略分析报告；
以往战略决策的成功案例及偏差；
企业自身的战略规划、计划等信息；
企业战略规划方面的内部控制机制。

收集到的初始信息
国内外宏观经济政策以及经济运行情况、本行业状况、国家产业政策；
科技进步、技术创新的有关内容；
市场对本企业产品或服务的需求；
与企业战略合作伙伴的关系，未来寻求战略合作伙伴的可能性；
本企业竞争对手的有关情况；
本企业实力、发展战略规划、投融资计划、年度经营目标、经营战略，以及有关依据；
本企业对外投融资流程中曾发生或易发生错误的业务流程或环节。

图 7-2 项目战略风险管理信息收集示意

7.2.3 市场风险

市场风险是指因市场等外界条件变化而使企业产生经济损失的风险。

市场风险包括产品价格风险、燃料、能源风险、股票指数风险、利率、汇率风险、竞争风险等。

对于创业项目来说，市场风险更多是外部的因素，和其他风险相比，市场风险的不可控因素更多，但并不是说，项目团队对这一风险的管理应处于完全放任状态，而是至少应该做到在及时收集信息基础上的及时风险防控。如原材料为棉花等农作物的项目，收集到的信息是今年棉花主产区因为气候原因大面积减产，那么随之而来的棉花市场价格上升和货源短缺就不可避免，项目提前寻求替代原材料、抢先囤积棉花、根据原材料库存签订销售合同等，都是应对风险的方法。

项目市场风险管理信息收集的具体内容如图 7-3 所示。

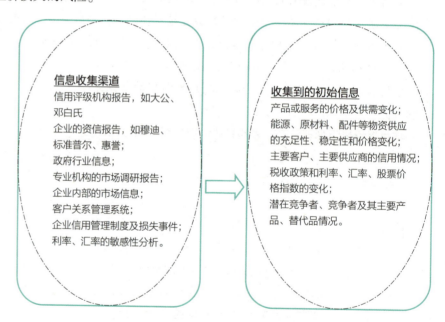

图 7-3　项目市场风险管理信息收集示意

7.2.4 财务风险

财务风险是指因企业融资、会计核算以及会计或财务报告失误而对企业造成的损失。

财务风险包括资金结构与现金流风险、会计核算与流程的风险、筹资风险与投资风险、应收账款等。

对于创业项目来说，财务无小事，相对重要的是融资、成本核算、财务报告流程，在这些方面出现问题均会对项目造成严重损失。

课堂案例

四川长虹曾经是中国最大的家电制造商之一，经营过程中因财务风险管理失误造成了巨大的损失。长虹在对外贸易中过多关注争夺客户和市场份额，放松了对财务应收账款的风险管理。2002年前后，在无法收回国外代理商货款的情况下，仍然向国外发货；在1998年至2003年间创造利润人民币33亿元，却遭受39亿元的国外欠款，最终不得不于2004年在美国向国外代理商提起诉讼，开始了长达一年半的跨国诉讼；2006年4月长虹为尽早结束无休止的跨国诉讼，与代理商签订了和解协议，预计可收回应收账款金额仅为人民币13.6亿元。

项目财务风险管理信息收集的具体内容如图7-4所示。

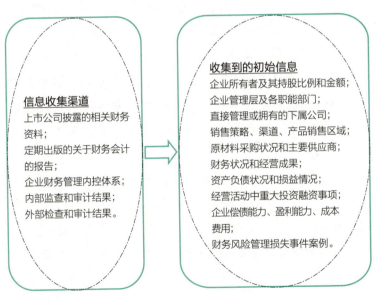

图7-4 项目财务风险管理信息收集示意

7.2.5 运营风险

运营风险是指企业因为内部流程、系统、人为等内部因素的不完善,或突发性外部因素带来的负面影响,给企业可能造成的损失。

运营风险包括企业产品质量与营销风险、内部管理失效风险、业务流程与信息系统风险、外部事件风险(火灾、自然灾害等)。其中,人为因素是指企业员工缺乏诚信道德而导致的舞弊行为,或缺乏知识而导致的错误和重大损失。流程风险是指交易流程中出现错误而导致损失的风险,例如在销售流程中(包括定价、记录、确认、出货等环节)出错而导致损失的风险。信息系统风险是指因信息系统故障、数据的存取和处理、系统的安全和可用性、系统的非法接入与使用而导致损失的风险。外部事件风险是指火灾、天然灾害、市场扭曲等事件。

对于创业项目来说,运营风险需要更多关注项目内部的流程或系统,以及外部突发事件,包括产品与营销、内部管理、流程与信息系统。

项目运营风险管理信息收集的具体内容如图7-5所示。

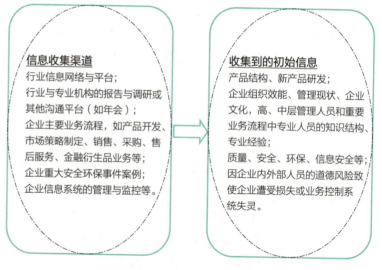

图7-5 项目运营风险管理信息收集示意

7.2.6 法律风险

法律风险是指企业因违反法律、法规或规定,或侵害其他利益相关者的权益,而导致企业遭受经济或声誉损失的风险。

法律风险包括法律纠纷风险、员工道德操守、重大协议与合同的遵守与履行、法律纠纷、知识产权等。

对于创业项目来说,法律风险是一个广义的定义,实际涉及法律的和法规的部分,也涉及行业规定等。以所有项目都会遇到的法律合同问题为例,如果在合同起草阶段,没有全面考虑每个条款可能存在的潜在风险,包括产品标准、付款方式、纠纷解决方式、时间点表述等,都有可能存在风险,那在合同执行过程中就会不断暴雷,给项目造成相应的损失。

当然,我们不可能要求每一位创业者都成为法律专家,这不现实,也没必要。我们要求的是每位创业者要建立法律风险防范意识,也就是说,你要知道在这个部分是有潜在风险的,那么,在遇到这个问题的时候,会有意识地通过专业人士的把关来控制这一风险,从而降低风险可能给项目带来的损失。

法律风险的防范,要严格树立事前防范的意识,切不可认为法律问题是在法律纠纷产生之后才应该去考虑的,事前防范可以大大降低损失的产生。

项目法律风险管理信息收集的具体内容如图7-6所示。

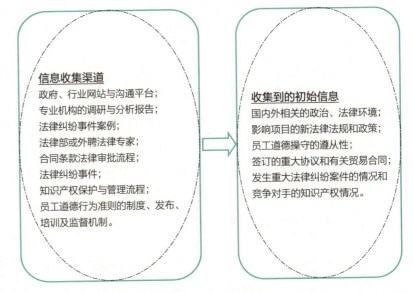

图7-6 项目法律风险管理信息收集示意

7.3 项目风险管理与流程

7.3.1 项目风险管理

项目风险是指为实现项目目标的活动或事件的不确定性,换言之,项目风险是影响项目目标实现的所有不确定因素的集合。

风险管理是指对影响目标实现的各种风险进行识别和评估,并采取应对措施将其可能带来的损失控制在可接受范围内的过程,也可以说,风险管理的对象不是风险,而是风险可能带来的损失。比如,在面对新冠肺炎疫情给人类生命可能带来的损失的时候,人们用戴口罩、勤洗手、居家隔离等方式进行风险管理,这些管理措施并不能消除病毒本身,但是可以降低病毒带来的损失。

项目风险是客观存在的,管理不能消除风险本身,但是项目风险管理的目标在于提高项目中积极事件的概率和影响,降低项目中消极事件的概率和影响。实施项目风险管理,就是针对项目实施过程中因风险可能造成的偏离,所能采取的措施由被动变为主动,从而保证项目目标的实现。主动与被动风险管理的区别如图7-7所示。

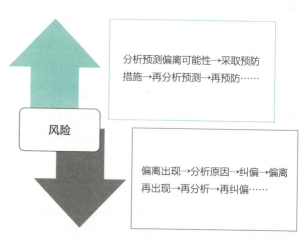

图7-7 主动与被动风险管理区别示意

7.3.2 项目风险管理流程

不同的项目面临的风险种类不同,风险可能造成的严重后果也不一样,有些项目本身的风险等级就比较高,如桥梁建筑施工类项目、涉及易燃易爆品生产运输类项目、食品生产销售类项目（尤其是婴幼儿食品生产销售类项目），但是所遵循的风险管理步骤是一致的，都是通过一个贯穿项目始终的风险管理步骤，通过收集初始信息——评估风险—制订应对策略—实施解决方案—监督与改进这五个步骤来实施的，具体内容如图7-8所示。

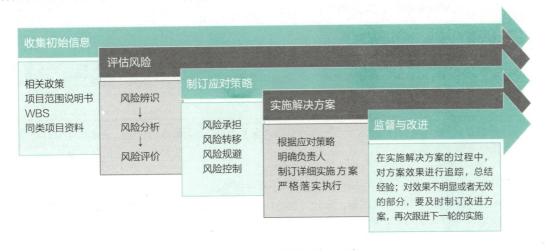

图7-8 项目风险管理流程示意

7.3.3 课堂练习卡7-1：创业项目风险管理"五问""五答"

为了帮助创业项目更好地实施风险管理，我们将上面五个步骤简化为更容易理解和掌握的"五问""五答"，并对应在实际工作中可能出现的相关特征来辅助判断，比如团队会议中集中出现的口头表述、书面文件中出现的错误表述、项目实施中出现的团队内部冲突，这些主观性表达都有可能是潜在风险的表示方式。通过完成课堂练习卡7-1，创业项目团队可以对风险进行初步管理。注意：这张练习卡不能代替风险管理的全过程，但是对于经验缺乏的创业项目来说，是一个行之有效的管理小工具。

课堂练习卡 7-1　创业项目风险管理"五问""五答"

"问"	辅助判断与思考 （可以根据各项目实际情况进行补充）	"答"
有没有潜在风险？	"没把握""没底""有点担心""不确定""这责任我承担不了""走着看看"；书面表述中发现有作者和读者理解不一样的地方；会议时出现争吵，意见很难统一；实施中出现新问题等	"是"或"否"。如"是"，则列明判断表征和初步判断的风险内容，继续下一问答
发生概率多大？ 后果有多严重？	"可能会""或许有机会""一定不行/行"；参考同类项目；使用量化分析工具等	概率用百分比表示 后果转换成货币单位表示
我们应该怎么做？	"我觉得应该……""一共有……种解决方案"；参考同类项目方案；列举可能采取的所有方案，充分讨论后行使表决权；及时决定	形成有针对性的具体书面实施方案
谁去做？做什么？	原则1：严格执行既定方案 原则2：及时检查总结反馈 原则3：落实每个环节的责任人制度	实施过程每个环节都有详细记录
效果怎么样？	直接损失的计算；团队状态；"这个很有效果""现在很清晰""心里有底了"；项目实施不受影响等	100分评分制（80~100，有效，没有损失；60~80，有效，损失可控可负担；60以下，无效，损失失控）80分以下的有改进空间，60分以下的立即调整方案再实施

注：这个表格可以在项目进行的各个阶段使用，完成时标明时间。

7.4 项目风险识别

7.4.1 项目风险识别是风险管理的第一步

项目风险识别（Risk Identification）是项目风险管理的第一步，也是风险管理的基础。风险识别是指在风险事故发生前，人们运用各种方法系统地、连续地认识所面临的各种风险及分析风险事故发生的潜在原因。

在项目风险管理过程中，"风险评估"是尤为重要的一步，清醒地认识风险，并正确地识别风险类别，是能够进行有效管理的前提条件。在创业项目中，很多时候不是团队没有风险管理的能力，而是根本没有意识到风险的存在，没有对风险做出正确的评估，那后续的管理就无从谈起了。

所谓项目风险识别，其实就是要初步回答以下问题，而这也是项目经理们经常在问的问题。

- 项目到底有什么样的风险？
- 这些风险造成损失的概率有多大？
- 若发生损失，需要付出多大代价？
- 如果出现最不利的情况，最大的损失有多大？
- 如何才能减少或者消除这些可能带来的损失？
- 如果改用其他方案，是否会带来新风险？

以下几项工具是在实际项目管理中被普遍采用的，被证明是简便易行的识别和评估方法，可以对项目风险进行基本评估；但其中均不包含复杂的统计学分析方法，这就导致在需要精细量化考核风险的项目中需要再引入其他工具，如盈亏平衡分析、敏感性分析、不确定型风险估计（平均准则、悲观准则、乐观准则、折中准则、后悔值准则）、随机型风险估计、贝叶斯概率法等。

7.4.2 工具 TC26：收集表法

收集表法（Check List Method）又称核对单分析法，是最基本最常用的风险识别方法。这种方法一般在项目初期使用，是指根据不同的分类标准（项目风险分类参见图7-9），将项目中所有可能存在的风险因素以列表的方式进行管理，推荐的分类方式包括按项目阶段、按项目任务、按人员分工等分类，表格中所列风险管理项目包括风险点描述、现状、管控方案、责任人、效果监督等项。

收集表的使用贯穿项目整个过程，从开始对风险的预测，到实施中的管理监督，一直到项目收尾阶段的总结核对，这是风险识别中最快速、简单、低成本的方法，可以降低风险管理的成本，策划应对风险的活动和在整个项目生命周期中实施这些活动，缓解并消除潜在的风险。但是永远不可能编制一个百分百详尽的收集表。

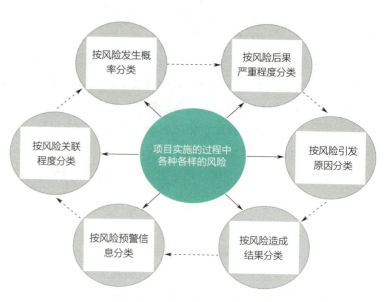

图 7-9 项目风险分类示意

7.4.3 课堂练习卡 7-2：项目风险收集表示例

课堂练习卡 7-2 项目风险收集表示例

类别	风险因素	风险点描述	项目现状	管控方案	责任人	等级	效果反馈	备注
市场	市场需求							
	竞争能力							
	产品价格							
技术	知识产权							
	可靠性							
	先进性							
资源	原材料价格							
	资源储备							
财务	补贴政策	补贴政策调低，取消	补贴总成本的2%	关注政策；预留1.5%的机动成本	甲	五	未发生	3年政策稳定
	税收政策	税收减免政策变动	减免50%	关注政策；及时调整	乙	五	未发生	
	人工成本	临时用工导致成本上升	按进度每个月临时用工800工时	保持进度，临时用工成本月度增幅≥30%时报警	丙	二	2月份报警一次，已及时处理	

(续)

类别	风险因素	风险点描述	项目现状	管控方案	责任人	等级	效果反馈	备注
施工	项目质量							
	项目进度							
	项目验收							
环境	国际环境							
	国内环境							
	行业环境							
	自然环境							
……	……							

7.4.4 工具 TC27：SWOT 分析法

SWOT 分析法是一种环境分析方法，自 1971 年提出至今，已广泛应用于战略研究、竞争分析与风险管理，成为企业竞争态势分析、战略分析以及项目风险识别的重要工具。所谓的 SWOT 是 Strength（优势）、Weakness（劣势）、Opportunity（机遇）、Threat（挑战）的简写。

SWOT 是一种静态分析，实际上是在一个固定的时段对行业状况、项目状况进行比较，然后进行优势、劣势、机遇和挑战的分析，从而形成四种内外匹配的战略（见表 7-1）。

表 7-1 SWOT 战略分析列表

	Ⅲ 优势 列出自身优势	Ⅳ 劣势 具体列出弱点
Ⅰ 机会 列出现有的机会	Ⅴ SO 战略 抓住机遇，发挥优势战略	Ⅵ WO 战略 利用机会，克服劣势战略
Ⅱ 挑战 列出正面临的威胁	Ⅶ ST 战略 利用优势，减少威胁战略	Ⅷ WT 战略 弥补缺点，规避威胁战略

通过收集表法找到的风险信息基本归入"Threat（挑战）"类别，引入 SWOT 工具的意义在于，将项目面临的风险置于项目全面信息中予以考虑，而不是割裂地只看风险。尤其是在考虑基于现状的情况下，如何对风险进行防控和管理，在风险已经造成损失的情况下，怎样及时止损，就可以参考 SWOT 分析中行程的四类战略，进行有针对性的管理。这一工具在项目实施前的战略性评估阶段被广泛应用。

7.5 项目风险评估

7.5.1 项目风险评估的两个部分

项目风险评估包含风险估计和风险评价两个部分。

风险估计（Risk Assessment）是在风险识别后，为了进一步明确各个风险事件发生的概率以及其后果的严重程度，即风险发生的可能性和风险产生的后果进行量化的过程。风险估计的重点是对项目各阶段的单个风险进行估计或量化，而没有从系统的角度来考虑项目风险的影响。项目风险估计的内容有4个方面，分别是项目风险事件发生的可能性；项目风险事件可能带来的损失；项目风险事件的影响范围；项目风险事件可能发生的时间。

风险评价（Risk Evaluation）是对项目风险进行综合分析，并根据风险对项目目标的影响程度进行项目风险分级排序的过程。风险评价的内容有5个方面，分别是系统研究项目风险背景信息；确定风险评价标准；使用风险评价方法确定项目整体风险水平；挖掘项目各风险因素之间的因果关系，确定关键因素；做出项目风险的综合评价，确定项目风险状态及风险管理策略。

风险评价和风险估计，在严格的项目管理过程中，都是需要将定性和定量结合起来，进行精细化预测的。但是对于创业项目来说，管理成本太高，难度过大，因此本书主要推荐通过定性的方式，对风险进行评估管理，有需要的项目可以在后期继续引入计量类定量评估工具。

7.5.2　工具 TC28：主观分级评价法

对于项目风险的评价，是依据已经收集到的各类背景资料，进行主观性思考并得出结论的过程，对于已经识别出的项目风险，根据风险可能带来的损失，进行评价分级的方法，在项目管理中被广泛应用。比较常见的分级方式有按数字分级，一~五级，可能造成的损失逐级降低；也有使用颜色分类，蓝色、黄色、橙色、红色，逐级递增，这种分类法的优点在于视觉传达效果一目了然，现在被广泛应用于各类风险分级中（见表7-2）。

表7-2　项目工程风险分级表

级别	重要度分值	涉及金额/万元	特征描述	标识
一级	10	100	极其危险，不能继续作业，需立即停工，组织整顿	●
二级	8	50	高度危险，需立即开展整改工作	●
三级	6	20	显著危险，需要整改	●
四级	4	10	一般危险，需要引起注意	●
五级	2	<10	稍有危险，可以接受	●

7.5.3 工具 TC29：象限定性估计法

对于创业项目来说，在已识别风险的基础上，根据风险发生概率的不同，区别性地采取相应策略进行管理是非常有必要的，这样才能保证在资源有限的前提下，能够最大限度保证降低项目主要风险，并保证项目最终成功的概率。

课堂案例

假设在某创业项目中，经过前期项目风险识别，发现本项目共面临多项风险，分别是台风、地震、洪水、暴雪等自然灾害风险，水电不稳定风险以及税收政策、投资方态度、政府扶持政策等。在项目资源有限的情况下，要对所有风险均进行精细化管理，显然是不现实的，所以需要在制订管理策略前对所有风险按照可能发生的概率和对项目的重要性两项指标进行分类，分类结果如图 7-10 所示。

针对创业项目的特点，结合各象限的风险特点，在进行风险管控的时候，建议优先处理第二象限，即重要且发生概率高的风险事件，其次是第三象限，即发生概率低，但是一旦发生会对项目造成严重影响的风险事件；再次是第一象限，即发生概率高但是对项目影响不大的风险事件；最后是第四象限，由于这一象限的风险事件发生的概率较低，且产生的可能的损失较小，在项目资源有限的情况下，可以延后处理，尽量不优先占用有限资源。具体处理方向如图 7-11 所示。

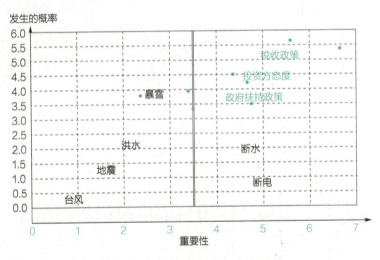

图 7-10 象限定性估计法案例

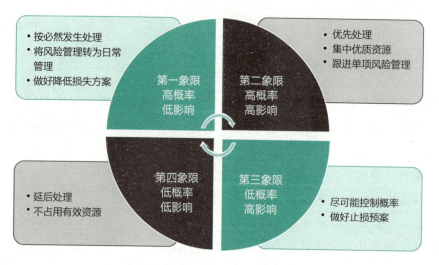

图 7-11 象限定性估计法处理方向

7.6 工具 TC30：项目风险应对策略

风险是客观存在的。面对风险，应综合考虑风险评价、风险估计结果和项目资源、项目实施之间的关联关系，根据客观情况，确定应对策略。一般项目风险的应对策略包括风险规避、风险转移、风险控制、风险承担四种。

7.6.1 风险规避

风险规避是通过消除风险的成因使风险无法形成，或更改项目方案使该项风险与本项目的连接点消失，从而无法对该项目产生可能的负面影响。简单地说，就是使得该风险发生概率不断降低直至趋近于零，或者让项目完全避开和这个风险的联系。终止项目是一种极端的风险规避方式。

> 风险规避的要点在于选择替代方案，替代方案与风险损失之间的成本比较是选择的关键。

课堂案例

创业项目风险规避方式举例如下：

案例1：在涉及长途运输的项目中，项目期正值每年例行的台风季，为了规避台风可能对项目造成的延误和损失，可以使用铁路运输的方式代替海运，实现风险规避。

案例2：在对政府相关扶持政策依赖性较强的项目中，为了避免该项扶持政策的变化给项目可能造成的损失，项目方通过企业联合会，以提案方式，要求政府将该项政策的有效期延期一年，并获得批准，有效实现了项目风险规避。

案例3：在以棉花为主要原材料的项目中，原定计划原材料采购分为三期，每年采购一次。由于棉花作为农作物，产品和品质受到天气等不可控因素的影响，因而决定将采购一次性完成，实现了对该风险的有效规避。

在以上3个案例中，我们会发现因为风险规避的决定，项目成本都在不同程度上有所增加，例如案例1中铁路运输比海运贵出的成本，案例2中的沟通成本，案例3中的储存成本。因此，在使用这一策略时，非常重要的一点就是要衡量这一策略的成本收益比，只有在采用这一策略的成本低于或远远低于其产生的经济效益时，这一策略才是可取的。

对创业项目来说，在成本收益比为正的情况下，能够找到风险规避的方式，来应对项目所面临的主要风险，那应该是首选策略。

7.6.2　风险转移

风险转移是指通过合同或非合同的方式将风险转嫁给另一个人或单位，并愿意为此承担部分成本的一种风险应对策略。比较典型的风险转移在法律中的应用，是在买卖关系中，约定在某个时间（如正常交付并接收后），买卖合同的标的物所有权的风险（包括该标的物毁损、遗失等所有风险）从卖方转移给买方。

风险转移是对风险造成的损失的承担方的转移，并不能消除风险。

课堂案例

创业项目风险转移方式举例如下：

案例1：针对项目施工中可能造成的工作人员人身伤亡，在项目施工开始前，购买相应的人身保险，从而实现该风险的转移。

案例2：项目实施中的主要设备损耗风险很大，设备价格昂贵，在项目实施前，为该设备投保财产险，实现该风险的转移。

案例3：在生产型项目中，模具的质量对于保证产品质量至关重要，在与模具厂签订的委托合同中，写明"因模具不合格对本项目造成的所有损失，均由模具生产方承担"，实现了该风险的顺利转移。

对于创业项目来说，最恰当的方式就是引入保险，通过相应的保险实现项目主要风险的转移。

> 在风险转移的操作中，要树立一个理念，即任何接受风险可能带来损失的一方都需要收取成本，即风险损失的接受不是无条件的。

7.6.3 风险控制

风险控制是通过制订计划和采取措施,降低风险发生的概率,降低损失的可能性或者是减少实际损失,因此控制的对象是风险造成的损失和风险本身。控制的阶段包括事前、事中和事后三个阶段。事前控制的目的主要是降低损失的概率,事中和事后的控制主要是为了减少实际发生的损失。

课堂案例

创业项目风险控制方式举例如下:

案例1:在设计类项目中,智力成果,如设计图是最重要的项目目标,因此保证设计图的安全,管理设计图泄密这一风险可能给项目带来的损失,需要提前采取措施,如购入保密设备,实施严格保密管理制度,降低泄密发生的概率。

案例2:盛大的室外婚礼筹备中,考虑到可能出现的暴雨天气,在婚礼不能改期的条件下,提前搭建好户外太阳棚,即使暴雨真的发生,也不会对婚礼造成不可弥补的损失。

案例3:自媒体销售店铺开业初期,由于销售量无法估计,为了避免销售量低于预期导致的货物大量积压给项目造成的巨大损失,在没有接到订单的时候,不采购大量产品,店铺内只保留最低限度的现货,以此来避免这一风险可能带来的损失。

对于创业项目来说,在一些风险无法规避、无法转移的时候,就必须采取成本最低的解决策略,尽量降低风险可能带来的损失。而通过一定措施控制风险,是处理大部分项目风险最终会选择采用的策略。

> 风险控制是在事先进行计划并在项目实施过程中同时实施的。
> 对于创业项目来说,树立风险控制意识非常重要。

7.6.4 风险承担

风险承担,又称作"风险自留",也就是说,对于那些无法规避、无法转移、甚至无法提前采取预案进行损失控制的风险,要保证项目顺利进行,就必须去直接面对,并承担风险所带来的损失。

按照项目管理方是否有意识去承担风险,有意识安排成本去弥补风险造成的损失,风险承担分为两类,一是无计划承担,指项目管理方根本没有意识到这一风险的存在,或者显著低估了风险可能带来的损失,那么就不会预先安排适当的成本来弥补损失,一旦风险发生,损失发生,项目需要无条件地承担风险;另一种是有计划承担,与前一种正好相反,项目管理方意识到了该风险的存在,并准确地评估了风险可能造成的损失,但是没有更好的应对策略,只能通过预先安排适当成本的方式来被动弥补损失。

创业项目风险承担方式举例如下:

案例1:在农产品产地直采的项目中,项目管理方没有意识到产品包装会对项目造成巨大风险,其中在西红柿的采购项目中,由于本身标的物存在易腐烂的特性,没有适当的包装加速了这一过程,最终给项目造成了很大的经济损失,同时流失了部分优质客户,这时的风险承担是被动的。

案例2:服务型项目中,顾客满意度测评中的"不满意"风险一直存在,这一评价会给项目带来损失,针对这一无法规避、无法转移、无法完全控制的风险,项目预先设置了补偿机制,来主动承担这一风险损失,对服务"不满意"客人后续追踪反馈良好,没有因此对项目整体造成更大的损失。

从以上两个案例的对比中,可知"有计划承担"和"无计划承担"最大的区别在于是积极应对还是消极承受。

对于创业项目来说,一旦出现无计划风险承担情形,对于项目的负面影响往往是巨大的,甚至是致命的,所以,风险管理必须从识别风险开始,逐步开展。

> 风险承担是"两害相权取其轻"的做法,不是面对所有风险都适合通过风险承担的方式解决,是否采用这一做法无关乎诚信,只是成本核算基础上的理性选择。

7.6.5 课堂练习卡 7-3：大学生创业项目"撸猫吧"风险分析

课堂练习卡
7-3 参考答案

根据如下项目情形，分析项目面临的风险，并提出相关管理策略，完成课堂练习卡 7-3。

某校大二学生甲、乙、丙、丁四位同学，因为都非常喜欢小动物，尤其喜欢小猫，经常一起在校园周围照顾喂养流浪猫狗而结识。在逐渐交往的过程中，他们发现，其实很多同学在家的时候都会养各种小宠物，但是到了大学校园后，因为学校宿舍管理规定不允许，所以没有办法继续，但是还是会非常向往能有再和小动物们同处的时间。他们经过分析后，认为这一需求可以转化为有效商机，决定成立创业团队，推动该项目成型，项目名称为"撸猫吧"，顾名思义，就是给你一个空间和猫相处，以满足人和动物和谐相处的需求，参考主题书店的模式；同时辐射周边社区居民，满足居民在临时出行阶段将家里喂养的宠物寄养的需求。该项目经过团队头脑风暴和评估后，基本框架如下。

1) 项目启动资金 5 万元，项目成员自有资金 2 万元，申请创业贷款 3 万元。
2) 核心业务包括两部分，一是在店铺内提供座位和饮品，顾客进店后有消费饮品即可享受店内撸猫的快乐时光；二是宠物寄养，帮助有需要的顾客临时照顾宠物。
3) 目标客户为在校大学生和周边社区居民。
4) 店铺选址预备通过申请入驻学校创业园区的方式，获得免费场地资助。
5) 项目试运行周期为 1 年，其中预备期 3 个月，1 年后根据项目盈利状况确定是否继续经营。
6) 店铺日常运营由 4 人轮流负责，不再雇佣其他员工。
7) 市场推广主要通过和校园活跃公众号合作的方式进行推广，其中包括两场现场活动。
8) 团队邀请了食品专业的一位老师担任项目指导老师。

课堂练习卡 7-3　项目风险管理策略练习卡

风险来源	风险点阐述	负面后果预测	风险等级	风险概率	管理策略	策略要点

说明：

1）风险来源：指根据项目进度/项目管理部门/项目资源分类等进行来源分类。
2）风险点阐述：详细描述风险内容。
3）负面后果预测：指明风险可能带来的不良后果，尽可能量化。
4）风险等级：按风险对项目可能造成的影响严重程度，分为1~5级，数字越大影响越小。
5）风险概率：按风险可能发生的概率，分为ABC三个等级，A为80%以上，B为30%~80%，C为30%以下。
6）管理策略：确定风险管理方向为规避、转移、控制、承担中的哪一种。
7）策略要点：详细说明风险管理细节与责任人。

7.7 思考与练习

7.7.1 问答题

将你正在参与的创业项目现状进行完整描述，不少于500字；然后使用课堂练习卡7-3对项目风险进行分析。

7.7.2 客观题

1. 项目风险包括哪些内容？
   A. 战略风险　　　　　B. 市场风险　　　　　C. 财务风险
   D. 运营风险　　　　　E. 法律风险

2. 市场风险不包括哪些内容？
   A. 产品价格风险　　　B. 股票指数风险　　　C. 竞争风险　　　　　D. 决策失误

3. 项目中主动管理风险的第一步是什么？
   A. 偏离出现导致损失　　　　　　　　　　B. 分析预测偏离可能性
   C. 采取措施　　　　　　　　　　　　　　D. 分析损失原因

4. 风险识别是指在什么阶段人们运用各种方法系统地、连续地认识所面临的各种风险及分析风险事故发生的潜在原因？
   A. 风险事故发生前　　　　　　　　　　　B. 风险事故发生时
   C. 风险事故发生后　　　　　　　　　　　D. 任何阶段都有可能

5 SWOT 分析法中每个字母的确切含义是什么？

 A. Strength（优势）   B. Weakness（劣势）   C. Opportunity（机遇）   D. Threat（挑战）

6 项目风险评估包括哪些内容？

 A. 风险评价   B. 风险估计   C. 风险评论   D. 风险估算

7 主观分级评价法中经常使用颜色来表明不同的风险等级，一般最高级别的风险用什么颜色？

 A. 蓝色   B. 黄色   C. 红色   D. 绿色

8 项目风险应对策略包括哪些内容？

 A. 风险规避   B. 风险转移   C. 风险控制   D. 风险承担

9 "风险规避就是躲开风险，所以是没有成本的"，这种说法对吗？

 A. 对   B. 不对   C. 不完全对   D. 不确定

10 "讲诚信的企业在面临风险时，都应该采取风险承担的方式"，这种说法对吗？

 A. 对   B. 不对   C. 不完全对   D. 不确定

参考答案

1	2	3	4	5	6	7	8	9	10
ABCDE	D	B	A	ABCD	AB	C	ABCD	B	B

附 录 PMP认证项目管理考试简介

- 发起：美国项目管理学会（PMI）
- 对象：项目经理
- 形式：认证体系
- 结果："PMP"——Project Management Professional（项目管理专业人员）
- 报考条件：

一、报名考生必须具备35小时以上、涵盖项目管理知识体系中九大知识领域的项目管理培训经历。

二、报名考试者必须具备以下两类情况之一。

第一类：申请者需具备学士学位或以上者：

要求申请者在申请之日前6年内，至少具有4500小时的项目管理经验，其包括五大项目管理过程组（启动过程、计划过程、实施过程、控制过程和收尾过程），累计参与项目管理月数至少达到36个月。

第二类：申请者不具备学士学位或以下者：

要求申请者在申请之日前8年内，至少具有7500小时的项目管理经验，其包括五大项目管理过程组（启动过程、计划过程、实施过程、控制过程和收尾过程），累计参与项目管理月数至少达到60个月。

注：1. 累计项目管理月数时，各项目重叠月份不能重复计算。

2. 考试信息会不断更新，最新资料请查阅官方网站 http://exam.chinapmp.cn/

- 考试形式：纸笔考试
- 考试时间：4个小时
- 指定教材：项目管理知识体系指南（PMBOK® Guide）为唯一教材
- 试题组成：由200道选择题组成，其中有25道是预备题，预备题不影响考生成绩，随机分布在整套试题中
- 考试成绩：考生收到的一份含成绩的分析报告，反映考生对各知识点的掌握情况
- 证书有效期：3年。3年内积累到60个学时/PDU（Professional Development Units，职业发展单元）即可继续认证

参考文献

[1] 中国国际人才交流基金会. 中国项目管理二十年发展报告(1999—2019)[R]. 北京：电子工业出版社，2020.
[2] 吴维，同婉婷，韩晓洁，等. 创新思维[M]. 北京：高等教育出版社，2020.
[3] 蔡莉，于海晶，杨亚倩，等. 创业理论回顾与展望[J]. 外国经济与管理，2019，41（12）：18.
[4] 张庆芝. 基于科学的创业企业发展与演化研究[J]. 科研管理，2019(9)：12.
[5] 科兹纳. 项目管理案例集[M]. 陈丽兰，刘淑敏，王丽珍，译. 5版. 北京：电子工业出版社，2018.
[6] 英格伦，布丝洛. 全能项目经理工具箱[M]. 胡晶晶，译. 北京：中国电力出版社，2018.
[7] 迪奥尼西奥. 活用PMBOK指南：项目管理实战工具[M]. 薛蓓燕，骆庆中，译. 3版. 北京：电子工业出版社，2018.
[8] 赖一飞，吴思，贾俊平. 创业项目管理[M]. 武汉：武汉大学出版社，2018.
[9] 周青，顾远东，吴刚. 创业管理研究热点的国际比较与学科资助建议[J]. 中国科学基金，2018，32（2）：5.
[10] 白思俊. 项目管理案例教程[M]. 3版. 北京：机械工业出版社，2018.
[11] 王进富，聂明月，陈振. 众创空间科技创新项目管理模式研究[J]. 科技管理研究，2018，38(13)：7.
[12] 梅燕飞. 大学生创业管理与大学生创业素质教育[J]. 教育研究（2630-4686），2018(4)：11-12.
[13] Project Management Institute. 项目管理知识体系指南（PMBOK指南）[M]. 北京：电子工业出版社，2018.
[14] 奥康奈. 项目管理思维[M]. 张翠玲，师津锦，译. 北京：电子工业出版社，2017.
[15] 马蒂内利，米洛舍维奇. 项目管理工具箱[M]. 陈丽兰，王丽珍，译. 2版. 北京：电子工业出版社，2017.
[16] 赖一飞. 项目管理概论[M]. 2版. 北京：清华大学出版社，2017.
[17] 伍媛婷，殷立雄，黄剑锋，等. 大学生创新创业项目理论指导与实践[M]. 西安：西北工业大学出版社，2017.
[18] 康路晨，胡立明. 项目管理工具箱[M]. 2版. 北京：中国铁道出版社，2016.
[19] 莱顿. 敏捷项目管理从入门到精通实战指南[M]. 傅永康，郭雪华，钟晓华，译. 北京：人民邮电出版社，2015.
[20] 欧立雄，企业项目管理[M]. 北京：中国电力出版社，2015.
[21] 丁荣贵. 项目思维与管理关键.[M]. 北京：中国电力出版社，2013.
[22] 蒋昕伟. 漫画中国式项目管理[M]. 北京：东方出版社，2013.
[23] 范新灿，韩晓洁. 创新创业实务[M]. 北京：机械工业出版社，2021.